성령님에게
이끌리는 여린 싹

일러두기

성경본문은 따로 표기하지 않는 한 모두 개역성경에 따릅니다.

대림절기와 성탄절기에 만나는 이사야

성령님에게
이끌리는 여린 싹

초판 1쇄 인쇄 _ 2017년 11월 20일
초판 1쇄 발행 _ 2017년 11월 30일

지은이 _ 정현진

펴낸곳 _ 바이북스
펴낸이 _ 윤옥초
편집팀 _ 김태윤
디자인팀 _ 이정은, 이민영

ISBN _ 979-11-5877-036-5 03230

등록 _ 2005. 7. 12 | 제 313-2005-000148호

서울시 영등포구 선유로49길 23 아이에스비즈타워2차 1005호
편집 02)333-0812 | **마케팅** 02)333-9918 | **팩스** 02)333-9960
이메일 postmaster@bybooks.co.kr
홈페이지 www.bybooks.co.kr

책값은 뒤표지에 있습니다.

책으로 아름다운 세상을 만듭니다. — 바이북스

* 바이북스 플러스는 기독교 신앙의 본질을 담아내려는 글을 선별하여 출판하는 브랜드입니다.

대림절기와 성탄절기에
만나는 이사야

성령님에게
이끌리는 여린 싹

정현진 지음

바이북스†
ByBooks

입동(立冬)이 지났다. 북서쪽에서 불어오는 부주풍(不周風)의 계절이다. 주역에 따르면 이는 불교(不交 = 사귀지 않는다)이니 조화와 화합을 이루지 못한다는 뜻이다. 비록 동지 전후 북쪽에서 불어오는 광막풍(廣漠風)만큼은 아니더라도 몸과 마음이 으슬으슬 추워지는 것도 그 불교와 불화 탓인가?

점점 추워지는 이런 계절에 따뜻한 소식이 있다. 평화의 왕 사랑의 왕 웃음의 왕이신 예수님이 우리를 찾으러 이 세상에 오신다는 기별이다. 그분 오시기를 기다리는 절기가 대림절기이다. 그분 오심을 축하하며 환영하는 절기가 성탄절기이다. 바깥에는 찬바람이 불더라도 세상으로 오시는 그분과 함께 우리의 내면과 우리 사회에 훈풍이 불었으면 좋겠다.

이때가 오면 자연히 이사야서를 읽고 싶어진다. 책 내용으로 볼 때 이사야서는 1-39장과 40-66장으로 크게 나누어진다. 장 수가 구약 39권과 신약 27권의 숫자와 같다. 어떤 이들은 이 책을 '성경전서의 축소판'이라 부르기도 한다. 또 어떤 이는 구약의 복음서라 한다. 신약성경의 마태복음 마가복음 누가복음 요한복음에다 이사야서를 덧붙여 5복음서라고도 한다.

이 책의 단초는 작년 11-12월에 국민일보에 연재했던 '365가정예배'이다. 그 시기가 마침 대림 및 성탄 절기였다. 평소 이 절기에 맞추어 이사야 묵상집을 써 보고 싶은 마음이 있었다. 생각만 한 채 세월을 보내고 있던 차에 좋은 기회를 얻었다. 그 덕분에 게으름에서도 벗어났으니 참 감사한 일이다.

항상 정성껏 책을 만드는 바이북스 플러스의 윤옥초님과 김태윤님, 그리고 디자인팀의 이정은, 이민영님에게 감사드린다.

2017년 입동을 지나며

성령님에게 이끌리는 여린 싹 –
대림절기와 성탄절기에 만나는 이사야

성령님에게 이끌리는 여린 싹 −
대림절기와 성탄절기에 만나는 이사야

01
하늘과 땅은 알고 있다(사 1:2-4)

찬송: '천지에 있는 이름 중'(80장)

> 2 하늘이여 들으라 땅이여 귀를 기울이라 여호와께서 말씀하시기
> 를 내가 자식을 양육하였거늘 그들이 나를 거역하였도다
> 3 소는 그 임자를 알고 나귀는 그 주인의 구유를 알건마는 이스라
> 엘은 알지 못하고 나의 백성은 깨닫지 못하는도다 하셨도다
> 4 슬프다 범죄한 나라요 허물 진 백성이요 행악의 종자요 행위가
> 부패한 자식이로다 그들이 여호와를 버리며 이스라엘의 거룩하
> 신 이를 만홀히 여겨 멀리하고 물러갔도다

오늘은 대림절 직전주일입니다. 이름 하여 영생주일(영원주일)입
니다. 우리가 이 땅에 사는 나날은 짧을 뿐만 아니라 끝이 있습니다.
'이는 우리가 다 반드시 그리스도의 심판대 앞에 나타나게 되어 각
각 선악 간에 그 몸으로 행한 것을 따라 받으려 함이라'(고후 5:10)
하나님은 유한한 우리 인생을 그리스도 예수 안에서 영원한 인생으

로 만드는 분입니다.

본문은 하나님께서 이스라엘 백성은 심판받을 법정에 세우신 이야기입니다. 하나님은 하늘과 땅을 증인으로 부르셨습니다. 일찍이 모세도 하늘과 땅이 그들의 행위를 본다고 이스라엘 백성에게 경고했습니다.(신 4:26 등) 우리 조상들도 남부끄러운 일을 하는 사람을 향해 '내가 알고 네가 알고 하늘이 알고 땅이 안다'(사지 四知)고 했습니다. 맹자는 하늘을 우러러 한 점 부끄러움이 없고 땅을 굽어보아 거리낄 것이 없는(앙천불괴 부부작어인 仰天不愧 俯不作於人) 삶이 즐겁다고 했습니다.

하나님은 자신과 이스라엘의 관계를 부모-자식에 비유하셨습니다.(2b) 그리고 이스라엘 백성의 영적인 상태를 소 및 나귀와 견주셨습니다.(3절) 그들의 인지능력이 소나 나귀만도 못하다는 뜻입니다. 그들은 자신의 주인이 누구인지, 누구를 의지해야 살 수 있는지를 분간하지 못했습니다. 이 사실을 히브리어 안다(야다)라는 말로 설명했습니다. 짐승들도 아는데 정작 이스라엘은 몰랐습니다. 모른다는 말은 어떤 사실에 대해 모르거나, 어떤 것에 대한 판단이 서지 않아 중립적인 태도로 잘 모르겠다고 하는 무지가 아닙니다. 그것은 배척이요 묵살이요 배은망덕입니다.

자녀 모티브 및 짐승 모티브에 이어 3b-4절에는 내 백성 모티브가 쓰였습니다. 하나님을 거역하는 이스라엘을 가리켜 범죄 한 이방 민족과 같고, 무거운 죄를 진 백성이며, 행악의 종자요, 멸망의 자식으로, 여호와를 버린 백성이며, 이스라엘의 거룩하신 자를 멸시하고 뒤로 물러간 자식이라고 했습니다. 매우 강경한 이런 표현들에는 패역한 자식을 향한 하나님의 실망감이 여과없이 표현되었습니다. 이스라엘은 자기들 스스로 그리고 일부러 하나님을 떠났습니다.

하나님은 남왕국 유다를 법정에 하늘과 땅을 증인으로 세우셨습니다.(2a) 이는 검사가 피고의 죄를 입증하려고 증인(목격자)을 불러오는 장면과 비슷합니다. 그들은 무엇을 증언합니까? i) 하나님께서 그들을 양육하셨다. ii) 하나님께서 그들을 높이셨다. iii) 그런데도 그들은 하나님께 거역했다. 그들은 이 과정 모두를 익히 알기에 법정 증인될 자격이 충분합니다.

부모 자식의 비유, 소와 나귀 이야기, 이스라엘을 가리켜 '내 백성'이라 하는 것에는 소유개념이 들어 있습니다. 하나님 형상대로 지음 받은 인생이 무슨 까닭으로 유한해졌습니까? 하나님께서 우리에 대해 지니신 소유권을 부정했기 때문입니다. 그런 사람들에게 하나님은 말씀하셨습니다. '너는 흙이니 흙으로 돌아갈 것이니라'(창 3:19) 죄로 인해 생겨난 이 엄청난 결과를 보고 나서 인간은 거기서 돌이켰습니까? 아닙니다. 예언자 이사야 시대(주전 8세기)에도 그들은 여전했습니다. 오늘 우리 시대, 오늘 우리는 어떻습니까?

기도

자비로우신 하나님, 허물 많고 연약한 저희가 '하나님이 그 아들을 세상에 보내신 것은 세상을 심판하려 하심이 아니요 그로 말미암아 세상이 구원을 받게 하려 하심이라'는 말씀에 의지하여 기도를 드립니다. 겸손한 심정으로 '주의 눈앞에는 의로운 인생이 하나도 없나이다'(시 143:2) 고백하오니, 저희에게 긍휼을 베푸소서. 예수님 이름으로 기도드립니다.

02

만약에…(사 1:7-9)

찬송: '나 주를 멀리 떠났다 이제 옵니다'(272장)

> 7 너희의 땅은 황폐하였고 너희의 성읍들은 불에 탔고 너희의 토지
> 는 너희 목전에서 이방인에게 삼켜졌으며 이방인에게 파괴됨 같
> 이 황폐하였고
> 8 딸 시온은 포도원의 망대 같이, 참외밭의 원두막 같이, 에워싸인
> 성읍 같이 겨우 남았도다
> 9 만군의 여호와께서 우리를 위하여 생존자를 조금 남겨 두지 아니
> 하셨더면 우리가 소돔 같고 고모라 같았으리로다

이것은 이스라엘(유다)의 현재 상태를 보여줍니다. 한편에서 그들
이 심판받은 현실을, 다른 한편에서 심판의 와중에서도 '남은 자'가
있음을 알려줍니다.

7절에 두 번 쓰인 황폐라는 말(쉐마마)은 레 26:33에서 하나님께
범죄하는 백성에게 내려질 징벌을 가리킵니다. 도시는 파괴되었습

니다. 시온의 상태를 나타내는 말들(7-8절)은 우리 가슴을 울컥하게 만듭니다. 포도원의 망대 참외밭의 원두막은 쓸모없는 유물이요 잔재일 뿐입니다. 남아있다는 말(야타르)은 유지하다보다는 오히려 효력이 없다 불필요하다는 의미입니다. 이사야 당시 앗시리아가 침략했을 때 예루살렘이 이와 같았습니다. 유다의 많은 성읍 가운데 예루살렘만 홀로 남아 유다의 명맥이 간신히 유지되었습니다.

이것조차도 하나님의 은혜입니다. 예루살렘만이라도 남은 것은 유다에게 그럴만한 방어력이 있어서가 아닙니다. 하나님께서 그들은 남겨두셨기 때문입니다. 예언자 이사야는 남겨둔다는 낱말(야타르)에서 극적인 전환을 위한 교두보를 찾아냈습니다. 이 말은 수동형(니팔)입니다.(8절과 9절) 자기 스스로의 힘이나 지혜로 살아남은 것이 아니라 누군가의 도움이나 배려로 겨우 남겨졌다는 뜻입니다. 생존자(싸리드)는 하나님께서 특별히 남겨두신 사람들입니다. 자기 백성의 죄악을 심판하면서도 하나님은 갱신과 회복의 기회를 주시려고 그들을 살려놓으셨습니다.

하나님은 어두운 죽음의 시대에도 이렇게 미래를 준비하셨습니다. 그분 이름은 만군의 여호와(야웨 체바옷)입니다. 여기에는 권세 힘(능력) 통치라는 뜻이 들어 있습니다. 체바옷이신 하나님은 온 세상을 통치하는 분이요, 세상 강대국을 도구로 쓰시는 분입니다. 하나님은 자신을 거슬리는 대상을 강력한 힘으로 심판하는 분입니다. 체바옷이신 하나님의 권능은 인간이 확대 과장하는 그 어떤 힘도 웃음거리로 만듭니다. 그분은 강한 자에게는 두려움이요, 약한 자에게는 희망입니다.

여호와께 거역·반역하는 유다는 돌이킬 수 없이 파멸될 듯 보였습니다, 마치 소돔과 고모라처럼. 사실 그들의 죄악은 소돔과 고모라의 그것에 버금갔습니다. 그곳은 더 이상 젖과 꿀이 흐르는 땅이 아니었습니다. 따라서 유다의 존재 가치는 땅바닥에 떨어졌습니다. '나 주 여호와가 이같이 말하노라 네가 맹세를 멸시하여 언약을 배반하였은즉 내가 네 행한 대로 네게 행하리라'(겔 16:59) 하나님께서 앗시리아를 도구로 삼아 그 땅을 심판하셨습니다. 하나님을 떠난 결과가 이렇게 참담했습니다.

소돔과 고모라는 추악한 죄악으로 인해 심판을 받았습니다. 하나님은 그곳에 유황과 불을 비같이 내리게 하셨습니다.(창 19:24) 예언자가 여기서 그 도시들을 언급하는 이유가 무엇입니까? 당시 유다의 현실이 그때 그곳과 비슷하다는 뜻입니다. 사정이 그런데도 예루살렘이 살아남았습니다. 당시 천하무적인 앗시리아가 쳐들어왔어도 함락되지 않았습니다. 이것은 전적으로 하나님의 은혜였습니다. 만약에 하나님께서 자비와 긍휼을 베풀지 않으셨더라면 예루살렘도 소돔과 고모라처럼 되었을 것입니다.

기도

하나님, 저희 자신을 영적으로 바라보게 하소서. 이 세상 안에서 저희 자신의 모습을 있는 그대로 정직하게 바라볼 지혜와 용기를 주소서. 지금이 바로 하나님을 바라 보아야 하고, 만나야 하고 의지해야 하는 절박한 상태인 것을 깨닫게 하소서. 예수 그리스도 이름으로 기도드립니다.

03

성전 마당만 밟을까 저어하며(사 1:10-12)

찬송: '나 행한 것 죄 뿐이니'(274장)

---

10 너희 소돔의 관원들아(사사들아) 여호와의 말씀을 들을지어다 너희 고모라의 백성아 우리 하나님의 법(교훈, 가르침)에 귀를 기울일지어다

11 여호와께서 말씀하시되 너희의 무수한 제물이 내게 무엇이 유익하뇨 나는 숫양의 번제와 살진 짐승의 기름에 배불렀고 나는 수송아지나 어린 양이나 숫염소의 피를 기뻐하지 아니하노라

12 너희가 내 앞에 보이러 오니 이것을 누가 너희에게 요구하였느냐 내 마당만 밟을 뿐이니라

이것은 신앙생활의 요체 곧 진실한 예배에 관한 말씀입니다. 10절은 사 1:2와 똑같은 형식으로 시작됩니다.(… 들으라 …에 귀를 기울이라) 여기서 하나님은 유다 지도자에게 소돔의 관원들, 유다 백성에게 고모라의 백성이라 부르셨습니다.

예배를 드리는 자들이 어찌하여 여호와의 말씀을 듣지 않으며, 그분의 교훈에 귀를 기울이지 않습니까? 아주 이상합니다. 가슴에 손을 얹고 생각해 보면 이는 남의 이야기가 아닙니다. 예배를 드리는 우리도 하나님 뜻을 받아들이려 하기보다는 귀에 듣기 좋은 이야기를 듣고 싶어 합니다. 내(우리) 이념 내(우리) 생각에 맞는 이야기만 골라 받아들입니다.

가증스럽게 여긴다는 말(13절 토에바)은 혐오감을 최대로 표현하는 용어입니다. 이것은 동성연애(레 18:22) 우상(신 7:25) 인신제물(신 12:31) 흠 있는 제물을 드림(신 17:1) 등에 쓰였습니다. 분향은 본디 거룩하며 향내 나는 예배입니다. 하나님은 그것을 기쁘게 받으십니다. 그러던 것이 그만 그것을 바치는 사람의 품성과 행실 때문에 혐오스럽게 되고 말았습니다. 이에 하나님은 싫다 - 귀찮다 - 지겹다.(쳐다보지도 않는다)고 하셨습니다.(14절)

예언자 이사야는 하나님께서 기뻐하시는 예배의 자리로 나아오라고 백성에게 권고했습니다. 싫어하시는 것과 기뻐하시는 것의 기준은 사람의 삶에 어떤 영향을 주느냐 입니다. 곧 사람의 삶을 좋게 낫게 여유롭게 기쁘게 값지게 보람 있게 하는 것이 선이고, 나쁘게 괴롭게 모자라게 힘들게 뜻 없게 만드는 것이 악입니다. 이런 뜻에서 죄는 개인적·내면적인 것인 동시에 공적·사회적인 것입니다.

하나님은 기뻐받으실 예배의 구체적인 내용을 9가지로 제시하셨습니다.(16-17절) i-ii '너희 자신을 깨끗이 하라, 씻어라'(16a)는 말씀은 마음과 영혼으로 회개하며 성전에 가 속죄제와 속건제를 드리라는 것입니다. iii)'내 앞에서 너희들의 일 중에 악을 제거하라' (16b)는 말씀은 겉치레로 드리는 예배와 사치스러운 종교행사를 그치라는 말씀입니다. iv)'악행을 그만 두라. v)선한 일하기를 배우라' (16c-17a)는 것은 지금 천연덕스럽게 행하는 악한 행동을 끊어 버리고 선한 일을 도모해야 하는데 그것은 저절로 되는 것이 아니라 배우고 익히는 가운데서 할 수 있다는 뜻입니다. vi)'정의를 추구하라' (17b절)는 것은 성실하고 양심적인 사람이 잘 사는 사회를 만들기 위해 노력하라는 말씀입니다. vii)'억압받는 자를 지켜주라'(17c절)는 말씀은 권력의 횡포와 남용을 방지하기 위해 노력하며 번제와 소제를 드리라는 뜻입니다. viii-ix)고아와 과부를 보살피고 위로하라는 것은(17d) 약한 자(천대받는 자, 가난한 자)를 도와주며 화목제를 드리라는 말씀입니다.

사회정의를 실현하고자 노력하는 것은 단순한 자선사업이 아닙니다. 하나님의 형상대로 지음 받은 인생에게 창조주의 뜻에 합당한 인생을 펼쳐나갈 기회와 환경을 열어주자는 것입니다. 이런 일을 제대로 하려면 인간의 품성이나 교양으로는 부족합니다. 예배와 기도를 통해 받는 하나님 은혜로 뒷받침되어야만 합니다. 위와 같은 영성이 없다면 그것은 성전 마당만 밟다 돌아가는 예배가 되고 맙니다.

기도

　'경건의 모양은 있으나 경건의 능력은 부인하니 이 같은 자들에게서 네가 돌아서라'(딤후 3:5)고 제게(저희에게) 말씀하시는 하나님, 떨리는 마음으로 기도를 드립니다. 입술과 시간을 주님께 바치면서도 행여 마음과 영혼은 딴 데 있지 않은지 두렵습니다. 하나님의 의와 공의를 바라보며 나아가도록 성령께서 저(저희)를 인도하소서. 그리스도이신 예수님 이름으로 기도드립니다. 아멘.

04

오라, 우리가 서로 변론하자(사 1:18-20)

찬송: '먹보다도 더 검은'(423장)

> 18 여호와께서 말씀하시되 오라 우리가 서로 변론하자 너희의 죄가
> 주홍 같을지라도 눈과 같이 희어질 것이요 진홍 같이 붉을지라
> 도 양털 같이 희게 되리라
> 19 너희가 즐겨 순종하면 땅의 아름다운 소산을 먹을 것이요
> 20 너희가 거절하여 배반하면 칼에 삼켜지리라 여호와의 입의 말씀
> 이니라

이것은 하나님의 초청장입니다. 하나님은 죄악에 빠진 백성을 외면하는 대신에 초청하셨습니다. '오라'고 옮겨진 말을 직역하면 '자, 오라' 또는 '바로 지금 오라'입니다. 이 부분에는 만일(만약)이라는 뜻의 히브리어 '임'이 네 번 쓰였습니다. 이것은 '조건'을 나타내는 말이므로 '만약 너희들의 죄가 주홍 같음을 인정한다면'으로 의역할 수 있습니다. 개역성경(개역개정: …(할)지라도)이나 표준새번역(…

하여도)은 히브리 성경의 뜻을 제대로 살리지 못했습니다. 이는 자칫 회개도 없는 용서로 이끌까 염려됩니다.

18 자 오라, 우리가 서로 분명히 하자. 여호와께서 말씀하신다. 만일 너희 죄들이 주홍같다면 그것들이 흰눈같이 희어지리라. 만일 그것들이 진홍같이 붉다면 그것들은 양털같이 되리라. 19 만일 너희들이 원하고 너희들이 듣는다면 너희들은 그 땅의 좋은 것을 먹으리라.(직역)

이 말씀은 시편 32:5와도 일맥상통합니다.

내가 이르기를 내 허물을 여호와께 자복하리라 하고 주께 내 죄를 아뢰고 내 죄악을 숨기지 아니하였더니 곧 주께서 내 죄악을 사하셨나이다(셀라)

18절에는 흰색과 붉은 색이 대조됩니다. 흰색의 반대는 흔히 검은색입니다. 하늘나라에서는 그와 다릅니다. 흰색은 그리스도만 믿고 나아가 승리한 무리가 입은 옷입니다. 하나님은 그들에게 세마포를 입혀주십니다.(전 9:8; 단 7:9; 마 17:2; 계 1:14; 3:4; 7:9; 19:8) 붉은색은 바벨론의 죄와 악을 상징합니다. 그것은 세상 나라(권세)를 가리키며 사탄에게 속한 것입니다.(계 12:3, 9; 17:4)

18-19절에는 용서와 수용을, 20절에는 심판과 배척이 나옵니다. 그것은 '먹다'라는 말로 표현되었습니다. 19절에 먹다는 말을 능동형(토켈루)으로, 20절에 수동형 삼켜지다(테우클루 = 먹히다)로 기록했습니다. 구약과 신약 성경은 하나님께서 인간에게 내려주시는 복을 종종 '먹음'으로 표현하곤 합니다. 이는 참된 것의 그림자인 현재

의 복락을 이 세상에서 향유하게 하심으로 장차 하늘에서 누리게 될 영원한 행복을 바라보게 하시려는 뜻입니다.

하나님 나라에는 부유해도 가난해도 들어갈 수 있고, 장애가 있어도 없어도 들어갈 수 있으며, 세상적인 신분이 높거나 낮거나 상관없이 들어갈 수 있습니다. 그러나 죄를 가지고는 들어갈 수 없습니다. 구원에 이르는 치명적인 장애는 죄입니다. 이에 하나님은 우리를 영생의 나라(하나님 나라)로 데려 가시려고(구원하시려고) 무엇보다도 먼저 우리의 죄를 사해 주고자 하십니다. 그래서 하나님은 예수님을 우리에게 보내주셨으며, 십자가라는 방법을 사용하셨습니다.

이사야서 1장에는 이사야서 66장 전체의 메시지가 들어 있습니다. 그에 따르면 하나님 앞에서 우리는 허물 많고 연약한 죄인입니다. 동시에 우리는 하나님의 나라를 향해 나아오라고 초청받은 사람입니다. 이에 우리는 어떻게 반응합니까?

기도

'너희는 귀를 기울이고 내게로 나아와 들으라 그리하면 너희의 영혼이 살리라'(사 55:3) 말씀하신 하나님, 이 시간 주님께로 나아옵니다. 마음의 옷깃을 여미며, 아직도 제(저희) 속에서 소용돌이치는 세속의 어지러운 물결을 잠재우고 싶습니다. 저(저희)를 성령의 손길로 이끌어주소서. 우리 구주 예수님 이름으로 기도드립니다. 아멘.

05

오라, 여호와의 빛에 행하자(사 2:2-5)

찬송: '이 세상은 요란하나'(414장)

2 말일에 여호와의 전의 산이 모든 산 꼭대기에 굳게 설 것이요 모든 작은 산 위에 뛰어나리니 만방이 그리로 모여들 것이라

3 많은 백성이 가며 이르기를 오라 우리가 여호와의 산에 오르며 야곱의 하나님의 전에 이르자 그가 그의 길을 우리에게 가르치실 것이라 우리가 그 길로 행하리라 하리니 이는 율법이 시온에서부터 나올 것이요 여호와의 말씀이 예루살렘에서부터 나올 것임이니라

4 그가 열방 사이에 판단하시며 많은 백성을 판결하시리니 무리가 그들의 칼을 쳐서 보습을 만들고 그들의 창을 쳐서 낫을 만들 것이며 이 나라와 저 나라가 다시는 칼을 들고 서로 치지 아니하며 다시는 전쟁을 연습하지 아니하리라

5 야곱 족속아 오라 우리가 여호와의 빛에 행하자

우리 발걸음은 성전으로 향합니다. 그 목적은 무엇입니까? ① 주님이 가르쳐 주시는 인생길을 배우고 ② 그것을 주님께서 기뻐하시는 모습으로 실천하기 위함입니다.(3절)

예언자 이사야는 하나님께서 이루실 구원의 날을 내다보았습니다. 그가 '말일에' 라고 한 그 날은 도대체 언제입니까? 그것은 앞으로 올 날입니다. 이미 지나간 것이라도 새로운 의미로 새롭게 다가올 날입니다. ① 바빌론의 마지막 날(= 포로민의 귀환과 예루살렘 재건); ② 예수님의 오심(탄생) ③ 십자가와 부활·승천; ④ 그리스도의 재림과 최후의 심판 등이 그날입니다. 이것은 단순한 종말이 아니라, 구원사역이 새롭게 시작되는 시점(始點)을 가리킵니다.

하나님의 구원사역은 성전의 위상이 높아지면서 시작됩니다.(2절) 시온산에 있는 여호와의 집(성전)은 가장 높은 꼭대기에 우뚝(굳건히) 세워집니다. 그곳은 모든 산들 중에 가장 뛰어날 것입니다. 그리고 세상 만민이 그리로 모여들 것입니다. 사실 예루살렘 성전이 서 있는 시온 산은 그리 높지 않은 평범한 산입니다. 그 산이 높아서 높은 산이 아니라, 하나님께서 그곳에 성전을 세우시고 하나님께서 높여 주시기에 높은 산입니다. 하나님께서 말씀을 주시는 곳이기에 영적으로 높은 산입니다.

하나님께서 말씀이 전해지는 성전을 이렇게 드높이시는 이유가 무엇입니까? 그것은 평화없는 세상에 온전한 평화를 주시기 위함입니다. 보습과 낫이 농사도구로만 쓰이는 것이 평화입니다.(4절) 이를테면 1524년 독일농민전쟁 때, 1894년 갑오농민전쟁 때 그것들은 무기로 쓰였습니다. 농기구가 무기로 변하기까지 아픔이 그들 가슴에 얼마나 많이 쌓였을까요?

남을 공격하는 무기를 들면 그것으로 자기 자신도 다칩니다. 그것이 감정에 있는 것이든, 마음이나 입술에 있는 것이든, 손이나 주먹에 있는 것이든 다 남을 해치는 동시에, 자기 자신도 해칩니다. 그런데도 사람이 그 무기를 내려놓지 못하는 이유가 있습니다. 그 가슴에 한이 차곡차곡 쌓여 있기 때문입니다.

그러므로 거룩하게 드높아진 성전, 하나님 말씀이 나오는 시온을 순례하는 신앙이 필요합니다. 대림절은 인생의 한이 자신의 운전사가 되는 대신에 만군의 주 여호와 하나님과 그 분의 말씀에 이끌리기 위한 순례여행입니다. 우리는 세상을 살아오는 동안에 알게 모르게 상처를 받아 왔습니다. 그것이 우리 가슴에 남아 있습니다. 어떤 이에게는 그것이 평생의 한(恨)으로 쌓여 있을지도 모릅니다. 그것이 풀리고 그 적대감이 공존의식으로 변할 때에야 비로소 보습은 보습이요 낫은 낫으로 쓰이는 평화가 옵니다. 이것이 온전한 평화입니다. 사람이 스스로 그것을 이룰 수 없습니다. 평화는 오직 하나님으로부터만 옵니다.

우리는 하나님의 자녀입니다. 세상적으로 평범하면서도 하나님 말씀을 따르는 사람이기에, 하나님 평화를 일구어 나가는 특별한 일꾼입니다. 이제부터 우리는 속에 쌓인 상처로 만들어진 무기를 내려놓으며, 하나님 말씀으로 그 자리를 채우는 여행을 시작합니다.

기도

　'인애와 진리가 같이 만나고 의와 화평이 서로 입맞추었으며 진리는 땅에서 솟아나고 의는 하늘에서 굽어보도다'(시 85:10-11) 말씀하신 하나님, '오라 우리가 여호와의 빛에 행하자'(사 2:5)라는 부름을 받습니다. 이 말씀 따라 살게 도와주소서. 우리 구주 예수님 이름으로 기도드립니다.

06

아름답고 영화로운 싹(사 4:2-6)

찬송: '샤론의 꽃 예수'(89장)

2 그 날에 여호와의 싹이 아름답고 영화로울 것이요 그 땅의 소산
  은 이스라엘의 피난한 자를 위하여 영화롭고 아름다울 것이며
3 시온에 남아 있는 자, 예루살렘에 머물러 있는 자 곧 예루살렘 안
  에 생존한 자 중 기록된 모든 사람은 거룩하다 칭함을 얻으리니
4 이는 주께서 심판하는 영과 소멸하는 영으로 시온의 딸들의 더러
  움을 씻기시며 예루살렘의 피를 그 중에서 청결하게 하실 때가
  됨이라
5 여호와께서 거하시는 온 시온 산과 모든 집회 위에 낮이면 구름
  과 연기, 밤이면 화염의 빛을 만드시고 그 모든 영광 위에 덮개를
  두시며
6 또 초막이 있어서 낮에는 더위를 피하는 그늘을 지으며 또 풍우
  를 피하여 숨는 곳이 되리라

이것은 하나님께서 보내실 여호와의 싹에 관한 말씀입니다.

하나님은 여호와의 싹을 보내서서 남은 자를 구원하십니다. 여호와의 싹이란 메시야를 가리키는 상징 언어입니다.(렘 23:5; 33:13; 슥 3:8; 6:12) 남은 자는 누구입니까? 그들은 이스라엘의 피난한 자요(2절) 예루살렘 안에 생존한 자요(3절) 심판과 소멸의 불길에서 살아남은 자입니다.(4절) 히브리 성경은 그들을 모두 수동형으로 표현하였습니다. 그들은 스스로의 힘으로 남은 자가 아니라 하나님께서 남겨둔 자라는 뜻입니다.

오늘날 남은 자란 누구를 가리킵니까? 그것은 i) 모진 환난과 시련 속에서도 목숨을 잃거나 버리지 않고 끝까지 살아남은 자 ii) 현대문명과 그 문물의 거센 물결 속에 살면서도 하나님께 선택받은 백성이라는 자아의식을 지니고 사는 자 iii) 우상숭배와 세속화의 물결 속에서도 여호와를 믿는 신앙을 굳게 지키는 자입니다.

남은 자를 구원하시려고 하나님은 심판하는 영과 소멸하는 영을 보내셨습니다. 소멸이란 말은 불살라 없앤다는 뜻입니다. 표준새번역은 이를 불의 영(KJV the spirit of burning)이라 옮겼습니다. '그는 성령과 불로 너희에게 세례를 베푸실 것이요 … 알곡은 모아 곳간에 들이고 쭉정이는 꺼지지 않는 불에 태우시리라'(마 3:11-12)

그 결과 세 가지 현상이 나타났습니다. ① 모든 자가 거룩해집니다.(3절) 여기서 거룩한 자란 말은 하나님께 속한 자라는 뜻입니다. ② 그들의 더러움과 핏자국 곧 죄악이 씻겨나갑니다.(4절) 성령님은 세속에 물들었던 사람을 하나님의 사람으로 선택하셔서 성결하

게 하십니다. ③ 하나님은 위협이 아니라 복을 주시며 나타나십니
다.(5-6절)

여호와의 싹으로 우리를 찾아오시는 예수님은 세속의 때와 죄악
에 물든 우리를 하나님의 사람으로 다시 받아주십니다. 낮에는 구름
과 연기로 시원하게 하시고 밤에는 타오르는 불길로 따뜻하게 해 주
십니다. 하나님과 성도 사이에 친밀한 교제를 회복시켜주십니다.

이천년 전 베들레헴에 태어나셔서 천국복음을 전파하시며 온 인
류를 구원하신 예수님을 깊이 알면 할수록 우리는 오늘 우리 자신의
생활의 현장에 찾아오시는 예수님을 기다리는 마음도 깊어집니다.
예수님의 행적을 곰곰이 묵상하면 할수록 우리는 우리가 사는 이 세
상에 예수님이 다시 오셔야만 하는 것을 온전히 받아들입니다.

기도

기도: 주님, 주님께서는 저희를 다시 받아주시려고 저희에게 오
십니다. 정결하게 만드시는 주님을 기다리는 저희 마음을 보다 더
간절하게 하소서. 예수님 이름으로 기도드립니다.

07

실망의 엘레지(사 5:1-7)

찬송: '고통의 멍에 벗으려고'(272장)

1 나는 내가 사랑하는 자를 위하여 노래하되 내가 사랑하는 자의
  포도원을 노래하리라 내가 사랑하는 자에게 포도원이 있음이여
  심히 기름진 산에로다
2 땅을 파서 돌을 제하고 극상품 포도나무를 심었도다 그 중에 망
  대를 세웠고 또 그 안에 술틀을 팠도다 좋은 포도 맺기를 바랐더
  니 들포도를 맺었도다
3 예루살렘 주민과 유다 사람들아 구하노니 이제 나와 내 포도원
  사이에서 사리를 판단하라
4 내가 내 포도원을 위하여 행한 것 외에 무엇을 더할 것이 있으랴
  내가 좋은 포도 맺기를 기다렸거늘 들포도를 맺음은 어찌 됨인고
5 이제 내가 내 포도원에 어떻게 행할지를 너희에게 이르리라 내가
  그 울타리를 걷어 먹힘을(불사름을) 당하게 하며 그 담을 헐어 짓

밟히게 할 것이요
6 내가 그것을 황폐하게 하리니 다시는 가지를 자름이나 북을 돋우
지 못하여 찔레와 가시가 날 것이며 내가 또 구름에게 명하여 그
위에 비를 내리지 못하게 하리라 하셨으니
7 무릇 만군의 여호와의 포도원은 이스라엘 족속이요 그가 기뻐하
시는 나무는 유다 사람이라 그들에게 정의를 바라셨더니 도리어
포학이요 그들에게 공의를 바라셨더니 도리어 부르짖음이었도다

포도는 인생을 비유할 때 자주 인용됩니다. 스타인백의 소설에
《분노의 포도》도 그 가운데 하나입니다. 이 작품은 메마른 땅에서도
땅 깊이 뿌리를 박고 끈질기게 살아가는 포도나무를 보고 영감을 얻
은 작품입니다. 그리고 압박과 설움이 많은 인생의 불모지에서 악착
같이 살아남는 서민들의 끈질긴 생활력을 소재로 하였습니다.

제나라의 임금인 환공(桓公)은 그의 신하들을 불러놓고 말했습니
다. '겉이 희고 속이 검기보다는 겉이 검고 속이 흰 포도가 되어라.'
권력자 주변에 겉이 희고 속이 검은자들이 우글대는 것을 그렇게 묘
사한 것입니다. 여기서 유래한 환공의 포도란 말은 비단 먼 옛날 제
나라에서만이 아니라 오늘날에도 적용됩니다.

성경은 이스라엘 백성을 포도에 비유하곤 합니다. 포도밭과 포도
나무는 하나님의 백성인 이스라엘을 상징합니다. '대저 만군의 여호
와의 포도원은 이스라엘 족속이요, 그의 기뻐하시는 나무는 유대사

람이라'(7절) '이스라엘은 열매맺는 무성한 포도나무…'(호 10:1)

본문은 기대가 실망으로 바뀐 것에서 오는 고통과 슬픔을 노래로 승화시킨 작품입니다. 그 제목은 '포도원 농부의 노래'입니다.

하나님은 이스라엘이란 포도원에 최고 질 좋은 포도 묘목을 심었습니다. 배수가 잘되게 골을 파고 거름을 적당하게 주며, 망대를 세우고 술틀까지 파 놓았습니다. 포도 열매를 거두고 포도주를 만들 만반의 준비를 했습니다. 2, 4, 7절 등 세 차례 나오는 '기대하다, 기다리다'는 말(카와)은 본디 참고 기다리면서 무엇인가 좋은 것을 기대하는 모습을 가리키는 말입니다. 나중에 보니 몹시 실망스러웠습니다. 먹을 수 없는 들포도가 맺혔기 때문입니다.(1-2절)

사람에게 있는 종교적인 성향은 거룩함과 신비로움을 향한 동경으로 나타납니다. 거룩함이란 어디에 있습니까? i) 세상 모든 종교는 기구 지역(영역) 특정 물질에 배여 있는 거룩성을 인정합니다. 우리가 교회에서 쓰는 기구들을 성구라고 하고, 하나님 말씀을 기록한 책을 성경이라고 하는 것이 그것입니다. ii) 고등종교들은 사물이나 지역에 깃든 거룩성을 넘어 인간의 윤리적인 행위에 거룩성을 부여합니다. 선행 구휼 자선행위 생명존중 등이 그것입니다. '선한 일을 하는 사람은 봄 동산의 풀과 같아서 그 자라는 것이 잘 보이지는 않더라도 나날이 조금씩 커진다. 악한 일을 하는 사람은 칼을 가는 숫돌과 같아서 그 닳는 것이 보이지 않더라도 나날이 조금씩 줄어든다.'(명심보감 계선편) iii) 다른 종교와는 달리 기독교는 하나님의 의로우심, 약한 자를 해방하심에서 거룩성을 발견합니다. '오직 만군의 여호와는 정의로우시므로 높임을 받으시며 거룩하신 하나님은 공의로우시므로 거룩하다 일컬음을 받으시리니'(사 5:16)

포도원 주인(= 하나님)이 실망한 이유는 이스라엘(= 포도원)이 하나님의 거룩성을 훼손시키기 때문입니다. '그들에게 정의를 바라셨더니 도리어 포학이요. 그들에게 공의를 바라셨더니 도리어 부르짖음이었도다'(7절) 거룩성을 잃은 신앙은 생명력을 잃습니다. 생명력을 잃으면 열매를 맺지 못합니다. 그 결과 못살겠다는 아우성이 넘쳐흐릅니다.

우리는 어떻습니까? 우리 사회는 어떻습니까? 오늘의 시대 사조는 거룩성과 거리가 멀어 보입니다. 교회 안팎에 상대화 세속화의 물결이 넘실대고 있습니다. 이럴 때일수록 공의로우시기에 거룩하신 하나님을 찾아야 하겠습니다. 하나님 앞에 부끄러운 백성이 되지 말아야 하겠습니다.

기도

하나님, '또 하나의 열매를 바라시며'라는 찬양을 따라 부르며 우리 자신에게서 어떤 믿음의 열매가 맺히는지, 어떤 사랑의 열매가 자라는지, 어떤 소망의 열매가 있는지를 살펴봅니다. 열매로 하나님을 기쁘시게 하는 우리가 되게 성령님께서 인도해 주소서. 예수님 이름으로 기도드립니다.

08

내가 누구를 보낼까(사 6:1-8)

찬송: '거룩 거룩 거룩 전능하신 주님'(8장)

1 웃시야 왕이 죽던 해에 내가 본즉 주께서 높이 들린 보좌에 앉으
  셨는데 그의 옷자락은 성전에 가득하였고

2 스랍들이 모시고 섰는데 각기 여섯 날개가 있어 그 둘로는 자기
  의 얼굴을 가리었고 그 둘로는 자기의 발을 가리었고 그 둘로는
  날며

3 서로 불러 이르되 거룩하다 거룩하다 거룩하다 만군의 여호와여
  그의 영광이 온 땅에 충만하도다 하더라

4 이같이 화답하는 자의 소리로 말미암아 문지방의 터가 요동하며
  성전에 연기가 충만한지라

5 그 때에 내가 말하되 화로다 나여 망하게 되었도다 나는 입술이
  부정한 사람이요 나는 입술이 부정한 백성 중에 거주하면서 만군
  의 여호와이신 왕을 뵈었음이로다 하였더라

6 그 때에 그 스랍 중의 하나가 부젓가락으로 제단에서 집은 바 핀 숯을 손에 가지고 내게로 날아와서

7 그것을 내 입술에 대며 이르되 보라 이것이 네 입에 닿았으니 네 악이 제하여졌고 네 죄가 사하여졌느니라 하더라

8 내가 또 주의 목소리를 들으니 주께서 이르시되 내가 누구를 보내며 누가 우리를 위하여 갈꼬 하시니 그 때에 내가 이르되 내가 여기 있나이다 나를 보내소서 하였더니

대림절(강림절) 첫날입니다. 우리는 주님을 기다립니다. 우리에게 오시는 메시야는 혼탁하고 어지러운 세상을 평정하실 분입니다. 그분을 기다리며 우리는 순례여행을 합니다. 온 세계 성도와 함께 우리는 감격어린 목청으로 '영원한 문아 열려라 새 임금 들어가신다'는 찬송도 부릅니다.(102장)

우리는 낮고 또 낮게, 겸손하고 또 겸손하게, 통 크게 포용하는 사랑을 안고 오시는 주님을 기다립니다. 대림절에 우리는 세 가지 사실에 주목합니다. i) 메시아가 오시기 이전의 구원역사, 다시 말해 옛날 이스라엘 시절에 하나님을 믿으며 하나님께서 보내주실 구원자를 갈망하며 살았던 사람들을 살펴봅니다. ii) 메시아의 탄생 곧 예수 그리스도의 초림(初臨)을 축하하고 기념합니다. iii) 장차 도래할 일들 곧 예수 그리스도께서 재림하실 때 일어날 세상의 종말, 죽은 자의 부활, 최후의 심판, 새 하늘과 새 땅을 바라보며 우리가 그

런 일들을 어떻게 준비하고 기다려야 할 지 묵상합니다. 그것은 하나님의 구원 역사가 흘러 내려온 형식과 같습니다. 곧 '약속 → 성취 → 기대(기다림)' 라는 패턴입니다.

예수님이 오시기를 기다리는 우리 마음의 강도는 어느 정도입니까? 만나기로 약속한 친구를 찻집에서 기다리는 마음보다 더 강렬합니까? 이 나라에 다른 지도자가 세워지기를 기다리거나 지금과 다른 세상이 만들어지기를 기다리는 심정보다 더 강렬합니까?

본문은 하나님께서 사람을 만나주시는 이야기입니다. 예언자 이사야는 어느 날 환상 가운데 하늘 보좌에 앉으신 하나님을 뵈었습니다. 그곳에는 하나님의 영광이 충만했습니다.

하나님과 보좌 주위에 스랍들도 있었습니다. 그들은 각자 날개 여섯 개를 가졌습니다. 그 날개로 얼굴과 발을 가리는 한편 날아다녔습니다. 얼굴을 가리는 것은 자신을 드러내는 대신에 '저는 부족한 존재입니다'라는 것이요, 발을 가림은 '저의 가는 길을 주님께 온전히 맡깁니다'라는 뜻이고, 날개로 날아다니는 것은 '저는 주어진 역할에 최선을 다합니다'라는 말입니다. 이를 한 마디로 하면 겸손입니다. 어떤 것이 겸손한 태도입니까? 자기의 부족함을 알고 주님을 의지하는 것, 자기보다 자신을 더 잘 아시는 주님께 자신이 가는 길을 온전히 맡기는 것, 자신에게 주어진 일에 최선을 다하는 것이 아니겠습니까?

그들은 거룩하신 하나님을 찬양했습니다. '거룩하다 거룩하다 거룩하다 만군의 여호와여 그의 영광이 온 땅에 충만하도다'(3절) 이것은 오늘날 세계교회가 예배 때마다 부르는 삼성송(三聖頌)입니다. 거룩하신 하나님께서 이사야를 만나 말씀하셨습니다. '내가 누구를 보내며 누가 우리를 위하여 갈꼬'(8절) 이에 그는 '내가 여기 있나이다 나를 보내소서'라고 화답했습니다. 이것이 주님을 만난 사람의 반응입니다. 주님께서 베푸시는 용서의 은혜를 체험한 사람의 반응입니다. 그들은 받은 은혜에 감격하며 자발적으로 주님의 일에 참여합니다.

1886년 4월 10일 부활주일 언더우드 선교사가 한국에 왔습니다. 그는 본디 인도로 가려했습니다. 어느 날 그는 '조선은 대원군의 쇄국정책으로 아직도 복음을 받지 못한 나라, 어둠에 싸여있는 나라'라는 선교보고를 들었습니다. 그때부터 그는 '조선에 선교사를 보내 주소서. 저는 인도로 가지만 그리로 갈 선교사를 보내주소서'라고 기도드렸습니다. 그런 그에게 성령께서 '네가 가지 않겠느냐'라는 감동을 주셨습니다. 이에 그는 '주여, 내가 여기 있나이다. 나를 보내소서'라고 기도드리며 조선에 와 복음을 전했습니다.

하나님은 세상 많은 사람들 중에 우리를 자녀로 부르셨습니다. 우리를 선택하신 하나님 마음을 헤아리는 심정으로 이 시대와 주변 사람들을 봅시다. 그러면 해야 할 일이 눈에 들어옵니다. '화로다 나여 망하게 되었도다'라고 하던 이사야가 제 할 일을 찾은 것과 같습니다.

기도

　저희를 자녀로 선택하신 하나님, '주의 구원의 즐거움을 내게 회복시켜 주시고 자원하는 심령을 주사 나를 붙드소서'(시 51:12) 하나님의 영광스러운 이름을 빛내는 도구로 저희를 써 주소서. 예수님 이름으로 기도드립니다.

09

걸리는 바위 (사 8:13-15)

찬송가: '먹보다도 더 검은' (423장)

> 13 만군의 여호와 그를 너희가 거룩하다 하고 그를 너희가 두려워
> 하며 무서워할 자로 삼으라
> 14 그가 성소가 되시리라 그러나 이스라엘의 두 집에는 걸림돌과
> 걸려 넘어지는 반석이 되실 것이며 예루살렘 주민에게는 함정
> 과 올무가 되시리니
> 15 많은 사람들이 그로 말미암아 걸려 넘어질 것이며 부러질 것이
> 며 덫에 걸려 잡힐 것이니라

걸린다는 말에는 여러 가지 뜻이 있습니다. i) 숨기려던 일이나 물건 따위를 들키다 ii) 어떤 것이 끼이거나 박혀서 움직이지 않는다.(이를테면 생선 가시가 목에 걸리다) iii) (무엇이 사람의) 인상에 남아 자꾸 마음이 쓰인다.(생각이 나다) iv) 그물이나 함정, 꾐이나 계략에 말려들다 등.

예언자 이사야가 보는 하나님은 거룩하신 분입니다. 동시에 그분은 걸려 넘어지게 하는 바위 또는 함정(덫)입니다.(14절) 우리는 날마다 욕심에 걸려 넘어집니다. 분노 배신감 좌절 등의 감정에 걸려 넘어집니다. 시기나 경쟁심에 걸려 넘어집니다. 성공이나 실패 또는 요행심에 걸려 넘어집니다. 하나님께서 우리가 이렇게 걸려 넘어지게 허락하는 이유는 무엇입니까? 사람(생명)을 사랑하시기 때문입니다. 걸려 넘어질 때마다 그 걸림돌을 딛고 다시 일어서는 것이 중요합니다.

하나님은 우리를 다시 일어서게 하시려고 걸려 넘어지게 하십니다. 넘어질 때마다 아닌 것은 아니라는 사실을 하나하나 깨닫게 하십니다. 아닌 것을 하나하나 멀리하게 만드십니다.

성경에는 걸려 넘어졌던 사람들이 많이 있습니다. 이를테면 아브라함입니다. 그는 하나님 말씀에 따라 가나안에 온 뒤 커다란 가뭄을 만났습니다. 그는 약속의 땅을 뒤로 하고 이집트로 향했습니다. 기근이란 돌에 걸려 넘어졌습니다. 이집트에서 아내를 누이라 속이며 살아남으려 했습니다. 자신의 안전이라는 돌에 걸려 넘어졌습니다. 이렇게 넘어지는 아브라함과 사라를 하나님이 붙잡아 주셨습니다. 그들은 걸려 넘어지면서 오히려 인간의 이성과 지각을 초월하는 하나님의 은혜를 체험했습니다.

다윗은 이웃집 여인 밧세바에게 걸려 넘어졌습니다. 그 남편 우리아를 전쟁터에서 죽게 만듦으로써 그의 행위는 완전범죄처럼 보였습니다. 이에 하나님은 선지자 나단을 보내셨습니다. 그는 양

99마리를 키우는 어떤 사람과 양 1마리를 가진 그 이웃 사람을 비유로 들었습니다. 부잣집에 손님이 왔을 때 그는 자기 양이 아니라 이웃 사람이 애지중지하는 한 마리 밖에 없는 양을 빼앗았습니다. 이에 다윗은 노발대발하며 '여호와의 살아 계심을 두고 맹세하노니 이 일을 행한 그 사람은 마땅히 죽을 자라 그가 불쌍히 여기지 아니하고 이런 일을 행하였으니 그 양 새끼를 네 배나 갚아 주어야 하리라'(삼하 11:5-6)라고 말했습니다.

이런 일을 겪으며 다윗은 회개하는 자를 용서하시는 하나님을 뼈저리게 체험했습니다. '하나님이여 나의 구원의 하나님이여 피 흘린 죄에서 나를 건지소서 내 혀가 주의 의를 높이 노래하리이다'(시 51:14)

욕심이나 욕정으로 핏발 선 눈은 사람을 걸려 넘어지게 합니다. 경쟁 다툼 전쟁을 하며 뿔 달린 악마처럼 변합니다. 그러면서도 다윗처럼 표 나지 않게 들통 나지 않게 말이 나지 않게 완전범죄를 꿈꿉니다. 교묘하게 합법적으로 빼앗는 기술을 개발합니다.

아브라함이 걸려 넘어졌던 황량한 모래밭, 그 티끌 속에 다시 세워주시는 하나님의 바위가 있습니다. 다윗이 걸려들었던 막강한 궁정 권력, 거기에 회개와 용서를 체험하게 하며 정화시키는 덫이 있습니다.

기도

기도: 건전한 인생을 위해 스스로 걸리는 반석이 되시는 하나님, 건강한 인생을 위해 스스로 함정과 올무가 되시는 하나님, 이 시간 저희가 살아오는 동안 걸려 넘어졌던 일들을 하나 하나 기억의 세계로 끌어올립니다. 정말 걸려 넘어지던 저(저희)를 거듭 거듭 새롭게 일으켜 세우셔서 오늘 여기까지 이르게 하신 은혜에 감격하옵니다. 예수님 이름으로 기도드립니다.

10

메시아의 잔치(사 25:6-8)

찬송: '목마른 내 영혼'(309장)

6 만군의 여호와께서 이 산에서 만민을 위하여 기름진 것과 오래
저장하였던 포도주로 연회를 베푸시리니 곧 골수가 가득한 기름
진 것과 오래 저장하였던 맑은 포도주로 하실 것이며
7 또 이 산에서 모든 민족의 얼굴을 가린 가리개와 열방 위에 덮인
덮개를 제하시며
8 사망을 영원히 멸하실 것이라 주 여호와께서 모든 얼굴에서 눈물
을 씻기시며 자기 백성의 수치를 온 천하에서 제하시리라 여호와
께서 이같이 말씀하셨느니라

본문은 하나님께서 만민을 위하여 잔치를 여시는 이야기입니다.
메시아 시대의 특징들 중 하나는 잔치입니다. 하나님께서 자신의 백
성을 잔치 자리로 부르셨습니다. 그곳의 메뉴는 무엇입니까? '골수
가 가득한 기름진 것과 오래 저장하였던 맑은 포도주'입니다.(6절)

이사야 당시에 지방질이 풍부한 살진 고기는 아주 좋은 음식이었습니다. 골수에는 영양분이 많습니다. 이에 사람들은 뼈 속에 든 그것을 빼먹기도 합니다. 오래 되어 완전히 숙성된 포도주도 고급 잔치에서 결코 빠질 수 없습니다. 이 두 가지는 최상의 메뉴를 상징합니다.

그 자리에서 어떤 일이 일어납니까? 하나님과 그 백성을 가로막던 벽이 허물어지고 참된 교제가 실현됩니다.(7절) 가리개와 덮개는 얼굴을 가리는 수건입니다.(고후 3:15) 그것들은 참된 것을 보지 못하도록 가리는 영적인 소경 상태를 비유합니다. 하나님께서 그것들을 제거해 주심으로 그 잔치에 참여한 사람들은 마치 하나님과 얼굴을 대면하여 보는 것처럼 그 영광을 뵙게 됩니다. '그는 우리의 화평이신지라 둘로 하나를 만드사 원수 된 것 곧 중간에 막힌 담을 자기 육체로 허시고'(엡 2:14; 고전 13:12; 요일 3:2 참조) 이로써 하나님과 친밀하게 교제할 길이 열렸습니다.

하나님은 생명의 잔치에 참여하는 자에게 무엇을 주십니까? 예언자 이사야는 하나님께서 우리 인생을 부활로 인도하시는 내용을 네 가지로 알려줍니다: i) 사망을 영원히 멸하실 것 ii) 모든 얼굴에서 눈물을 씻기실 것 iii) 자기 백성의 수치를 온 천하에서 제하실 것 iv) 우리를 구원하실 것.

예언자 이사야는 구원과 부활의 소망을 품은 우리가 신앙적으로 할 일을 두 가지로 말씀합니다: i) 기다림 ⋯ 인내하며 기다림. '그래 조급해 하지 말자. 꼼짝없이 멈추어있는 듯 보이지만, 어느 새 저만큼 기어가있는 달팽이를 보며 놀라워했던 어린 시절의 기억을 떠올리자. 더디지만 열심히 나아가고 있는 우리 아들, 누구 보다 내가 더 많이 믿고 응원해 주자.'(장애인 아이를 키우는 어떤 어머니의 글) ii) 기뻐하며 즐거워하게 될 것임. 이런 마음으로 주님의 구원, 주님의 부활을 맞이하는 사람의 모습이 9절에 나타나 있습니다: "우리가 그를 기다렸으니 우리는 그의 구원을 기뻐하며 즐거워하리라.

하나님은 말씀하십니다. '사망을 영원히 멸하실 것이라'(사 25:8) 하나님은 사망을 영원히 죽이겠다고 말씀하십니다. 사망에게 사형을 선고하십니다. 하나님은 그리스도 예수 안에서 우리를 사망에서 생명으로 옮겨주셨습니다. '사망에서 생명으로 옮겼느니라'(요 5:24) 이로써 우리는 영원한 죽음인 '둘째 사망'을 벗어났습니다.(계 2:11) '이 첫째 부활에 참여하는 자들은 복이 있고 거룩하도다 둘째 사망이 그들을 다스리는 권세가 없고 도리어 그들이 하나님과 그리스도의 제사장이 되어 천 년 동안 그리스도와 더불어 왕 노릇 하리라'(계 20:6)

기독교는 부활과 영생의 종교입니다. 예수님은 그리스도로 영접하는 자의 유한한 인생을 영원한 인생으로 변화시켜주셨습니다. 그리고 우리를 생명 살리는 일에 나서게 하셨습니다. 그것을 하나님께서 자신에게 주신 인생의 사명으로 받아들이게 하셨습니다. 오늘도 우리는 생명을 선택하는 사람으로 생활하기를 소망합니다.

기도

부활이요 생명이신 주님, 저희를 '내가 하늘에 올라갈지라도 거기 계시며 스올에 내 자리를 펼지라도 거기 계시나이다. 내가 새벽 날개를 치며 바다 끝에 가서 거주할지라도 곧 거기서도 주의 손이 나를 인도하시며 주의 오른손이 나를 붙드시리이다'(시 139:8-10) 라 고백하며 믿음으로 살게 하시니 참 감사합니다. 예수님 이름으로 기도드립니다.

11

심지를 견고하게 하시는
메시아를 기다립니다(사 26:1-7)

찬송: 예수는 나의 힘이요(93장)

1 그 날에 유다 땅에서 이 노래를 부르리라 우리에게 견고한 성읍
이 있음이여 여호와께서 구원을 성벽과 외벽으로 삼으시리로다

2 너희는 문들을 열고 신의를 지키는 의로운 나라가 들어오게 할지
어다

3 주께서 심지가 견고한 자를 평강하고 평강하도록 지키시리니 이
는 그가 주를 신뢰함이니이다

4 너희는 여호와를 영원히 신뢰하라 주 여호와는 영원한 반석이심
이로다

5 높은 데에 거주하는 자를 낮추시며 솟은 성을 헐어 땅에 엎으시
되 진토에 미치게 하셨도다

6 발이 그것을 밟으리니 곧 빈궁한 자의 발과 곤핍한 자의 걸음이

본문은 하나님께서 주신 승리를 기뻐하며 찬양합니다. 메시야는 고난 많은 이 세상을 이기는 분입니다. 하나님은 견고한 성 곧 성벽과 외벽으로 튼튼하게 지어진 성과 같습니다.(1절) 이는 이중삼중으로 자신의 백성을 지키고 이끄시는 하나님을 상징합니다.

누가 그 성안에 들어가 살 수 있습니까? 신의를 지키는 의로운 나라입니다. 구약성경에서 나라란 말(고이)은 흔히 유다인이 아닌 이방민족을 가리킵니다. 하나님은 유다인이냐 이방인이냐를 가리지 않고 구원의 문을 열어 놓으셨습니다. 물론 조건이 하나 있습니다. 그것은 신의(진리, 신실, 충실)를 지키는 일입니다. 이 말은 아멘(아만)의 명사형 에무님입니다. 그리스 말로 번역된 구약성경(칠십인역)은 진리(알레테이아)라고 했습니다.

'심지가 견고한 자'(3절)는 하나님 안에서 한결같습니다. 그는 주변 환경에 따라 마음이 흔들리지 않습니다. 어떤 풍파가 밀려와도, 어떤 환란과 어려움이 닥쳐와도, 넘을 수 없는 장벽이 가로 놓여 있어도, 쓰디쓴 실패와 좌절을 당해도, 질병이 자신을 압박해도, 그 어떤 상황에서도 하나님을 향한 믿음에 결코 변함없습니다.

이런 사람에게 하나님은 무엇을 주십니까? 평강(샬롬)입니다. 하나님은 여기서 '평강'을 2번 되풀이 말씀하셨습니다. 이는 하나님께서 주시는 평강은 '완전한 평강'이란 뜻입니다. 외적평강과 내적평강을 모두 가리킵니다.

어떤 사람의 심지가 견고해집니까? 어떤 결단이나 결심만으로는 되지 않습니다. 세속적인 사상이나 신념에 흔들림이 없는 것은 고집이요 불통입니다. 오직 하나님을 가리켜 자신의 반석이라 고백하며 신뢰하는 사람의 심지가 굳건해집니다. 그러므로 심지가 견고하다는 말은 여호와를 신뢰한다는 뜻입니다. 신앙의 지조를 지킨다는 뜻입니다. 우리는 그런 사람을 많이 알고 있습니다. 예를 들면 i) 맹렬한 풀무불 앞에서도 굴복하지 않는 사드락, 메삭, 아벳느고 ii) 바벨론의 산해진미나 사자굴 앞에서도 흔들리지 않고 신앙의 지조를 지키는 다니엘 iii) 비천에 처할 줄도 알고 풍부에 처할 줄도 아는 사도 바울 등이 그런 사람입니다.

7절은 심지가 견고한 자를 가리켜 의인이라 불렀습니다. 그런 사람들에게 하나님은 또 무엇을 주십니까? 그들의 지름길(첩경)을 평안하게 하십니다. 그들에게도 앞을 가로막는 문제, 해결이 지연된 문제, 답이 보이지 않는 문제들이 찾아옵니다. 그럴 때에도 하나님은 그들에게 숨겨진 지름길을 보여주십니다. 하나님의 인도하심을 믿고 그 길을 선택하게 하십니다. 가나안으로 가는 선택받은 백성을 위해 하나님은 홍해바다에 지름길을 열어주셨습니다!

지금 이 시대는 불확실하고 혼란스럽습니다. 우리 마음도 종잡을 수 없을 만큼 흔들리곤 합니다. 이런 자리 이런 때일수록 더욱 인생과 역사의 주인이신 하나님을 신뢰해야 하겠습니다. 예수님께서 믿음으로 사는 우리 심지가 견고하게 하시고, 인생의 평강과 생활의 지름길로 인도하실 것입니다.

기도

반석이신 하나님, 오늘은 '아무 것도 염려하지 말고 다만 모든 일에 기도와 간구로, 너희 구할 것을 감사함으로 하나님께 아뢰라 그리하면 모든 지각에 뛰어난 하나님의 평강이 그리스도 예수 안에서 너희 마음과 생각을 지키시리라'(빌 4:6-7)는 말씀에 아멘으로 화답하며 기도를 드립니다. 이 말씀대로 저희를 인도하소서. 예수님 이름으로 기도드립니다.

12

회복의 주인이신
메시아를 기다립니다(사 29:17-24)

찬송: '나의 기쁨 나의 소망되시며'(95장)

17 오래지 아니하여 레바논이 기름진 밭으로 변하지 아니하겠으며 기름진 밭이 숲으로 여겨지지 아니하겠느냐

18 그 날에 못 듣는 사람이 책의 말을 들을 것이며 어둡고 캄캄한 데에서 맹인의 눈이 볼 것이며

19 겸손한 자에게 여호와로 말미암아 기쁨이 더하겠고 사람 중 가난한 자가 이스라엘의 거룩하신 이로 말미암아 즐거워하리니

20 이는 강포한 자가 소멸되었으며 오만한 자가 그쳤으며 죄악의 기회를 엿보던 자가 다 끊어졌음이라

21 그들은 송사로 사람에게 죄를 씌우며 성문에서 판단하는 자를 올무로 잡듯 하며 헛된 일로 의인을 억울하게 하느니라

22 그러므로 아브라함을 구속하신 여호와께서 야곱 족속에 대하여

이같이 말씀하시되 야곱이 이제는 부끄러워하지 아니하겠고 그
의 얼굴이 이제는 창백해지지 아니할 것이며

23 그의 자손은 내 손이 그 가운데에서 행한 것을 볼 때에 내 이름
을 거룩하다 하며 야곱의 거룩한 이를 거룩하다 하며 이스라엘
의 하나님을 경외할 것이며

24 마음이 혼미하던 자들도 총명하게 되며 원망하던 자들도 교훈을
받으리라 하셨느니라

본문은 자연 및 사람과 사회에 놀라운 변화가 일어날 것을 말씀
합니다. 물론 긍정적 창조적 변화 곧 하나님의 구원입니다. 거기서
는 고지대에 있는 레바논의 초원이 기름진 밭으로 바뀌고 기름지던
밭은 밀림으로 됩니다.(17절) 환경에서 비롯된 이 놀라운 격변이 못
듣는 사람 못 보는 사람 겸손한 사람 가난한 사람에게도 일어납니
다.(18-21절) 이런 변화를 이끌어내신 하나님은 시험당하고 고통당
하는 이들에게 위로와 희망을 심어주십니다.(22-24절) 본문은 악한
것 험한 것 사라지며 치유와 회복이 이루어지는 과정을 한 폭의
그림처럼 보여줍니다.

세상에 못 보던 자가 보는 일은 아주 드뭅니다. 못 듣던 자가 듣
는 일은 거의 불가능합니다. 이런 일이 보편적으로 일어나는 것은
전적으로 하나님 은혜입니다. 겸손한 사람은 손해를 많이 보며 살아
갑니다. '가난이 한이다'라는 말처럼 가난한 사람 중에는 가족이나

친구는 물론 사회에서 냉대 받는 경우가 적지 않습니다. 하나님께서 주시는 놀라운 변화는 '오실 그이가 당신이니이까'라고 묻던 세례 요한에게 주셨던 예수님 말씀을 생각나게 합니다. '맹인이 보며 못 걷는 사람이 걸으며 나병환자가 깨끗함을 받으며 못 듣는 자가 들으며 죽은 자가 살아나며 가난한 자에게 복음이 전파된다 하라'(마 11:5)

하나님의 구원은 포악하거나 가식적인 사람이 사라지는 것을 포함합니다.(19-21절) 겉으로는 경건해 보이면서도 실제로는 말씀대로 행하지 않는 이도 여기에 포함됩니다. 감추어진 혹은 드러난 죄와 악이 사람과 사회에 강한 영향력을 미칠 때가 있습니다. 대체로 이는 말씀에 따르지 않고 우상을 숭배하는 완악한 백성을 정화시키려는 목적에서 하나님께서 주시는 심판입니다. 이런 뜻에서 치유와 회복은 하나님의 공의와 밀접히 연관되어 있습니다.

성경은 강포한 자(오만한 자)를 겸손한 자(가난한 자)와 대조시킵니다. 성경에서 가난한 자란 자신이 어떤 자리 어떤 처지에 있든지 하나님 앞에 있다는 신앙으로 사는 사람을 가리킵니다. 그는 하나님 앞에서 늘 부족하고 연약한 존재인 것을 스스로 인정합니다. 그리고 매사에 하나님을 의지하고 하나님 뜻에 따르고자 합니다.

하나님은 22-24절에서 그들에게 특별한 변화를 일으키셨습니다.(22-24절) i) 세속적인 이유 또는 정신적인 이유로 부끄러워하지 않는다. ii) 분노나 공허감이나 질병으로 창백해지지 않는다. iii) 하나님 이름을 거룩하다고 일컫는다. iv) 혼미하던 마음이 총명해진다.

v) 원망하던 마음이 교훈을 받는다.

그동안 부끄러움을 당하고 수모를 당했던 하나님의 백성이 더 이상 그런 환경에서 살지 않게 될 것입니다.

이 말씀은 하나님께서 선택하신 백성을 공의와 사랑에 입각하여 새로운 이스라엘로 만드신다는 뜻입니다. 하나님 말씀을 들어도 듣지 못하고, 묵상을 해도 깨닫지 못하고, 깨달아도 거스르기만 하며 실천하지 않던 사람이 하나님 말씀 안에 온전히 머문다는 뜻입니다. 이로써 선택받은 백성은 마음과 영이 하나님과 하나로 합해집니다.

기도

하나님, 저희 눈으로 볼 때에는 한 치 앞이 보이지 않고, 현실을 타개할 어떤 희망이나 돌파구가 보이지 않습니다. 이럴 때에도 '보라 내가 만물을 새롭게 하노라'(계 21:5)하시는 하나님 말씀에 귀 기울이게 하소서. 그리스도이신 예수님 이름으로 기도드립니다.

13

우리를 기다리시는
메시아를 기다립니다(사 30:15-22)

찬송: '곧 오소서 임마누엘'(104장)

15 주 여호와 이스라엘의 거룩하신 이가 이같이 말씀하시되 너희가
돌이켜 조용히 있어야 구원을 얻을 것이요 잠잠하고 신뢰하여
야 힘을 얻을 것이거늘 너희가 원하지 아니하고

16 이르기를 아니라 우리가 말 타고 도망하리라 하였으므로 너희가
도망할 것이요 또 이르기를 우리가 빠른 짐승을 타리라 하였으
므로 너희를 쫓는 자들이 빠르리니

17 한 사람이 꾸짖은즉 천 사람이 도망하겠고 다섯이 꾸짖은즉 너
희가 다 도망하고 너희 남은 자는 겨우 산 꼭대기의 깃대 같겠
고 산마루 위의 기치 같으리라 하셨느니라

18 그러나 여호와께서 기다리시나니 이는 너희에게 은혜를 베풀려
하심이요 일어나시리니 이는 너희를 긍휼히 여기려 하심이라

대저 여호와는 정의의 하나님이심이라 그를 기다리는 자마다 복
이 있도다

19 시온에 거주하며 예루살렘에 거주하는 백성아 너는 다시 통곡하
지 아니할 것이라 그가 네 부르짖는 소리로 말미암아 네게 은혜
를 베푸시되 그가 들으실 때에 네게 응답하시리라

20 주께서 너희에게 환난의 떡과 고생의 물을 주시나 네 스승은 다
시 숨기지 아니하시리니 네 눈이 네 스승을 볼 것이며

21 너희가 오른쪽으로 치우치든지 왼쪽으로 치우치든지 네 뒤에서
말소리가 네 귀에 들려 이르기를 이것이 바른 길이니 너희는 이
리로 가라 할 것이며

22 또 너희가 너희 조각한 우상에 입힌 은과 부어 만든 우상에 올린
금을 더럽게 하여 불결한 물건을 던짐 같이 던지며 이르기를 나
가라 하리라

대림절 강단보는 보라색입니다. 이것은 동양에서 태극(太極), 음
과 양을 상징하는 빨강과 파랑을 합한 색입니다. 하늘과 땅이 하나
되는 것을 상징하기도 합니다. 이 색깔은 하나님이 사람으로 오시는
역사적 시간을 준비하는 계절인 대림절에 참 잘 어울립니다. 이 색
깔은 설레임과 동시에 경건한 기다림을 나타냅니다.

본문은 앗시리아의 침략을 눈앞에 둔 유다 백성에게 주신 말씀입
니다. 히스기야 왕과 백성은 동맹관계에 있던 이집트를 의존했습니

다. 그때 이집트는 유다의 위기를 철저하게 외면했습니다.(3, 7절) 이에 당황한 사람 중에 자기 혼자만 살겠다고 도망치는 무리가 생겼습니다.(16-17절) 그들에게 하나님은 말씀하셨습니다. '너희는 회개하고 마음을 편안하게 하여야 구원을 받을 것이며…'(15절, 표준새번역)

큰일이 났을 때 큰일이라고 법석대면 정신이 시끄러워집니다. 위기라느니, 세상이 망하게 되었다느니 하면 갈피를 잡지 못하고 허둥대기 마련입니다. 어떤 일을 놓고 시간이 없다면서 마음이 쫓기면, 없는 시간이 더 많이 낭비됩니다. 그래서인가요? '급할수록 돌아가라.'

긴박한 순간, 긴장되는 자리, 절박한 시간에 우리는 어떻게 진정할 수 있습니까? 하나님을 바라봄이 그 대답입니다. '…잠잠하고 신뢰하여야 힘을 얻을 것이다'(15절 표준새번역) 하나님 앞에 회개하며 마음 중심을 하나님께로 향하면 평상심이 되찾아집니다.

'오래 엎드린 새가 높게 난다.'는 말이 있습니다. 새가 오래 엎드리는 것은 그 사이에 날아갈 순간을 기다리며 준비하는 것입니다. 해야 할 것과 하고 싶은 것을 할 만한 힘을 축적하는 시간입니다. 그 시간을 낭비하는 것이 아닙니다. 우리가 바닥에 엎드려 기도드리는 것은 하나님의 때를 기다리는 것입니다. 하나님께서 쓰실 때를 준비하는 것입니다. 이런 우리를 기다리시는 하나님은 '대저 여호와는 정의의 하나님이심이라 그를 기다리는 자마다 복이 있도다'라고 말씀하셨습니다. '보라 인내하는 자를 우리가 복되다 하나니…'(약 5:11)

하나님은 우리를 기다리시는 분입니다. '그러나 여호와께서 기다리시나니'(18절) 하나님께서 우리를 기다리시는 목적은 네 가지입니다. i) 은혜를 베풀려하심입니다. 하나님은 은혜를 주시기 전에 우리로 하여금 은혜받을 만한 그릇이 되기를 기다립니다. 은혜를 통해 참다운 열매가 맺어야 하기 때문입니다. ii) 부르짖는 기도를 기다리십니다.(19절) iii) 참다운 스승을 발견하고 그 가르침에 따라 좌로나 우로나 치우치지 않게 하려고 기다리십니다.(20-21절) iv) 우상을 내버리게 하려고 기다리십니다.(22절)

기도

저희를 기다리시는 하나님, 저희는 주님의 긍휼어린 개입을 기다립니다. 때로 저희를 잊고 너무 멀리 계신 것 같아 애가 달기도 합니다. 그럴 때에도 '내가 여호와를 기다리고 기다렸더니 귀를 기울이사 나의 부르짖음을 들으셨도다'(시 40:1) 찬양할 날을 소망하며 묵묵히 기다리게 하소서. 예수님 이름으로 기도드립니다.

14

하나님 은혜와
건강한 노동이 만납니다(사 30:23-26)

찬송: '햇빛을 받는 곳마다'(찬 138장)

23 네가 땅에 뿌린 종자에 주께서 비를 주사 땅이 먹을 것을 내며 곡식이 풍성하고 기름지게 하실 것이며 그 날에 네 가축이 광활한 목장에서 먹을 것이요

24 밭 가는 소와 어린 나귀도 키와 쇠스랑으로 까부르고 맛있게 한 먹이를 먹을 것이며

25 크게 살륙하는 날 망대가 무너질 때에 고산마다 준령마다 그 위에 개울과 시냇물이 흐를 것이며

26 여호와께서 자기 백성의 상처를 싸매시며 그들의 맞은 자리를 고치시는 날에는 달빛은 햇빛 같겠고 햇빛은 일곱 배가 되어 일곱 날의 빛과 같으리라

본문은 하나님과의 관계가 회복된 후에 일어날 일을 보여줍니다.

이것은 이사야서의 씨뿌리는 비유라고 불립니다. 하나님께서 인간이 하는 활동에 복을 내려주십니다. 황폐하였던 땅에 비를 내려 주시며 기름지게 하셨습니다. 그 결과 양식이 풍성해지고 가축도 간에 맞춘 여물을 배부르게 먹습니다.

구원의 날에는 신음하던 자연이 노래를 부릅니다. 땅이 생명력을 회복합니다. 물 부족에 시달리던 높은 산과 험한 골짜기에도 시내와 도랑이 생깁니다. 산악지대에서도 풀과 나무가 무성해지고 농업과 목축활동이 활발해집니다.

여기서 높은(높아진) 것은 인간의 교만을 나타냅니다.(시 138:6; 사 5:15) 구원의 날에는 인간의 교만(망대)이 무너집니다. 그 날에는 세상 사람이 돌볼 수 없는 상처를 하나님께서 직접 만져주십니다. 자기 백성의 상처를 싸매주십니다. 이는 붕대를 감는다는 말에서 온 것으로 치료행위를 나타냅니다. 그리고 하나님은 사람을 고쳐주십니다. 이는 치료하다, 건강하게 하다는 말에서 왔습니다. 성경에 이 말이 처음 쓰인 것은 하나님께서 아브라함의 아내 사라를 데려갔던 그랄 왕 아비멜렉 집 사람들을 고쳐주신 일을 묘사할 때입니다.(창 20:17) 성경은 하나님이 질병과 재앙뿐만 아니라 치료와 회복의 주인이라고 분명히 말씀합니다. '하나님은 아프게 하시다가 싸매시며 상하게 하시다가 그의 손으로 고치시나니'(욥 5:18)

이사야는 치유와 회복의 날을 아름다운 비유법으로 묘사했습니다. '여호와께서 자기 백성의 상처를 싸매시며 그들의 맞은 자리를 고치시는 날에는 달빛은 햇빛 같겠고 햇빛은 일곱 배가 되어 일곱 날의 빛과 같으리라'(26절) 구원의 날이란 곧 빛이 빛나는 날입니다. '내 이름을 경외하는 너희에게는 공의로운 해가 떠올라서 치료하는 광선을 비추리니 너희가 나가서 외양간에서 나온 송아지 같이 뛰리라'(말 4:2)

별이 빛나는 밤, 달빛이 교교한 밤은 참 아름답습니다. 추운 겨울날에도 해가 빛나면 마음이 환해지고 몸이 따뜻해집니다. 예수님은 빛이십니다. '참 빛 곧 세상에 와서 각 사람에게 비추는 빛이 있었으니'(요 1:9) 예수님이 빛이기에 그분이 사역하시는 곳에서는 치유와 회복이 이뤄졌습니다. 12년 동안 혈루증을 앓던 여인이나 38년 동안 베데스다 연못가에 누워지내던 병자는 예수님을 만난 것이 곧 빛을 만난 것이었습니다. 평소에도 그들은 달빛도 햇빛도 보았습니다. 그러던 그들이 그 날 만난 빛은 치유의 광선(빛)이었습니다. 그 날이 그들에게 얼마나 환한 날이었을까요? 그 날처럼 밝고 환한 날은 평생 없었을 것입니다.

그뿐만이 아닙니다. 주님께로 더 가까이 나아 갈수록 우리 내면의 빛이 점점 더 밝아집니다. 내면의 빛이 밝아질수록 맑은 정신 환한 마음이 깃듭니다. 온전한 정신, 건전한 생각, 삶의 활력과 기쁨, 감사와 찬양이 커집니다. 우리 내면에 천국이 이루어집니다. '하나님의 나라는 너희 안에 있느니라'(눅 17:21) 이런 것이 곧 '일곱 날의 빛'입니다. 그 빛 안에 머물며 살아갈 때 우리의 활동은 다 건전하고 다 건강해집니다.

기도

빛이신 주님, 어둠과 혼돈이 소용돌이치는 이 세상에 빛으로 오셨습니다. 저희를 주님의 빛 안에서 활동하게 하소서. 저희의 어두운 속을 비추어주소서. 빛이신 주님의 영광을 온전히 드러내게 인도하소서. 예수님 이름으로 기도드립니다.

15

심판하시는 메시아를 만납니다

(사 33:13-16)

찬송: '주님의 마음을 본받는 자'(455장)

13 너희 먼 데에 있는 자들아 내가 행한 것을 들으라 너희 가까이에
   있는 자들아 나의 권능을 알라

14 시온의 죄인들이 두려워하며 경건하지 아니한 자들이 떨며 이
   르기를 우리 중에 누가 삼키는 불과 함께 거하겠으며 우리 중에
   누가 영영히 타는 것과 함께 거하리요 하도다

15 오직 공의롭게 행하는 자, 정직히 말하는 자, 토색한 재물을 가
   증히 여기는 자, 손을 흔들어 뇌물을 받지 아니하는 자, 귀를 막
   아 피 흘리려는 꾀를 듣지 아니하는 자, 눈을 감아 악을 보지 아
   니하는 자,

16 그는 높은 곳에 거하리니 견고한 바위가 그의 요새가 되며 그의
   양식은 공급되고 그의 물은 끊어지지 아니하리라

오늘은 대림절 두 번째 주일입니다. 네 개의 초가 꽂힌 대림절 화환에 두 개의 불을 밝힙니다. 지난 주엔 하나, 다음 주엔 셋 그리고 그 다음 주엔 네 개의 불이 타오를 것입니다. 이것은 빛으로 우리에게 오시는 주님을 기다리는 상징입니다. '나는 세상의 빛이라'(요 8:12) 그것을 둥근 모양으로 그리고 푸른 상록수로 만드는 것은 온 세상(지구촌)과 주님 주시는 생명을 의미합니다. 촛불의 숫자를 늘려 나가는 것은 기다림과 기대의 강도가 점점 커지는 표시입니다.

본문은 심판도 하시고 보호도 하시는 하나님을 전해줍니다. 하나님은 '내가 이제 일어나며 내가 이제 나를 높이며 내가 이제 지극히 높아지리니' 라고 말씀하십니다. 이를 실현하는 구체적인 방법으로 하나님은 자신과 멀리 있는 이들을 심판하십니다. 이때의 하나님은 불에 비유됩니다. 그리고 하나님과 가까이 지내는 사람을 보호하십니다. 이때의 하나님은 견고한 바위에 비유됩니다.

이사야 당시 앗시리아는 거대한 강국이었습니다. 그들은 주변 나라들을 점령하고 무자비하게 약탈했습니다. 때가 되었을 때 하나님은 그들을 상대하셨습니다.(10-12절) 그들에게 '겨를 잉태하고 짚을 해산할 것'이라 하셨습니다. 앗시리아가 자신의 탐욕을 채우려고 행한 모든 정복행위는 바람에 부는 겨와 같이 사라질 것이며 불이 붙어 순식간에 없애지는 지푸라기 같이 허망하다는 것입니다. 11절에는 호흡과 불이 동격을 이룹니다. 활활 타오르는 불이 화마(火魔)가 되어 모든 것을 태우듯이 앗시리아의 정복야욕은 결국 그들 자신을 멸망시킨다는 것입니다.(사 7:15; 37:15)

권능을 보이시는 하나님의 심판에 사람들은 어떻게 반응합니까?(13-14절) 멀리 있는 자는 앗시리아를 가리킵니다. 그들은 불에 삼켜지듯 소멸됩니다. 가까이 있는 자는 유다 백성 중에 하나님을 멀리하는 이들을 의미합니다. 시온에 살면서도 그들의 마음과 정신은 하나님과 멀리 떨어진 채 살았습니다. 그들은 하나님 심판에 초조하고 두려워 떨 것입니다.

하나님은 앗시리아뿐만 아니라 그들과 덩달아 춤추었던 뭇 민족과 나라들도 함께 심판하십니다. 그들을 불에 탄 석회 같게, 잘라서 불에 사르는 가시나무 같게 하십니다.(12절) 사람들 중에는 높은 지위에 오르려고 악한 세력과 손을 잡는 이도 있습니다. 그 자리에 오르고 나서도 그 위치를 지키려고 그들과 상부상조하며 지냅니다. 이런 이들은 하나님과 멀리 떨어진 사람들입니다.

하나님께서 심판을 행하실 때에 의인들은 보호를 받으며 하나님의 영광을 보며 높은 곳에 머물 것입니다.(14-16절) 그들은 어떤 사람들입니까? 공의롭게 행하는 자, 정직히 말하는 자, 토색한 재물을 가증하게 여기는 자, 손을 흔들어 뇌물을 받지 아니하는 자, 귀를 막아 피 흘리려는 꾀를 듣지 아니하는 자, 눈을 감아 악을 보지 아니하는 자입니다. 이는 하나님과 가까이 하는 생활태도를 가리킵니다. 심판의 주이신 하나님은 그들에게 무엇을 해 주십니까? 안전한 곳에 살게 하십니다. 영적으로 높은 곳에 살게 하십니다.

하나님의 심판은 국적이나 혈통이나 사는 지역에 따라서가 아니라 하나님의 말씀에 반응하며 사는 태도에 달려 있습니다. 손에는 손바닥과 손등이 있듯이 하나님은 심판의 주이신 동시에 사랑의 주입니다. 칼빈은 세상에서 가장 큰 적그리스도는 하나님을 사랑의 주라고만 하면서 심판의 주가 아니라고 하는 그리스도인이라고 했습니다. 경건한 신앙인은 하나님의 사랑과 하나님의 심판을 늘 염두에 두며 살아갑니다.

기도

하나님, 오늘 '여호와를 경외함이 네 보배니라'(사 33:6)는 말씀을 아멘으로 받습니다. 누구를 만나든지 무슨 일을 하든지 하나님과 가까이 하는 모습을 유지하게 도와주소서. 그리스도이신 예수님 이름으로 기도드립니다.

16

인생길에서
메시아를 만납니다 (사 35:1-10)

찬송: '황무지가 장미꽃 같이' (242장)

1 광야와 메마른 땅이 기뻐하며 사막이 백합화 같이 피어 즐거워하며

2 무성하게 피어 기쁜 노래로 즐거워하며 레바논의 영광과 갈멜과 사론의 아름다움을 얻을 것이라 그것들이 여호와의 영광 곧 우리 하나님의 아름다움을 보리로다

3 너희는 약한 손을 강하게 하며 떨리는 무릎을 굳게 하며

4 겁내는 자들에게 이르기를 굳세어라, 두려워하지 말라, 보라 너희 하나님이 오사 보복하시며 갚아 주실 것이라 하나님이 오사 너희를 구하시리라 하라

5 그 때에 맹인의 눈이 밝을 것이며 못 듣는 사람의 귀가 열릴 것이며

6 그 때에 저는 자는 사슴 같이 뛸 것이며 말 못하는 자의 혀는 노래하리니 이는 광야에서 물이 솟겠고 사막에서 시내가 흐를 것임

이라

7 뜨거운 사막이 변하여 못이 될 것이며 메마른 땅이 변하여 원천
이 될 것이며 승냥이의 눕던 곳에 풀과 갈대와 부들이 날 것이며

8 거기에 대로가 있어 그 길을 거룩한 길이라 일컫는 바 되리니 깨끗
하지 못한 자는 지나가지 못하겠고 오직 구속함을 입은 자들을 위
하여 있게 될 것이라 우매한 행인은 그 길로 다니지 못할 것이며

9 거기에는 사자가 없고 사나운 짐승이 그리로 올라가지 아니하므
로 그것을 만나지 못하겠고 오직 구속함을 받은 자만 그리로 행
할 것이며

10 여호와의 속량함을 받은 자들이 돌아오되 노래하며 시온에 이르
러 그들의 머리 위에 영영한 희락을 띠고 기쁨과 즐거움을 얻으
리니 슬픔과 탄식이 사라지리로다

이사야서 35장의 분위기는 아주 밝고 명랑합니다. 이것은 기뻐하
다는 말로 시작하여 기쁨이란 말로 끝납니다.

1절은 광야와 메마른 땅 및 사막으로 인생의 현실을 표현했습니
다. 그곳은 일기(기후) 변화가 심하고, 곡식이 자라거나 열매를 맺지
못하며, 느긋한 마음(안정)과 편안한 휴식이 없고, 매우 위험한 곳입
니다. 이사야는 그곳에 천지개벽이 일어난다고 했습니다. 어떻게 그
런 일이 일어납니까? 이유는 단 하나, 곧 하나님께서 인생에 다가오
셨기 때문입니다.(2, 4절)

인생에 찾아오신 하나님은 다음과 같은 일들을 행하십니다: i) 장애인 및 상한 자를 회복이 시키십니다.(5-6절 앞부분) 이는 세례 요한이 제자들을 예수님께 보내, '오실 그이가 당신이오니이까' 라고 물었을 때 예수님이 주신 대답을 생각나게 합니다.(눅 7:19-22) 그리고 사도 베드로와 요한이 태어날 때부터 앉은뱅이였던 사람에게 예수님 이름으로 베푼 치유를 기억나게 합니다.(행 3:1-9)

ii) 광야에 샘물이 터지고 사막에 시내가 흐르며 거친 맹수가 살던 곳이 풀과 갈대와 부들이 나는 초원(정원)으로 바뀌게 하십니다.(6절 뒷부분-7절) 갈대와 부들은 물이 넉넉한 곳에서 자라므로, 이들은 하나님께서 사막에 일으키신 놀라운 변화를 한 눈에 보여줍니다.

iii) 하나님께서 거룩한 신작로를 만들어 주셔서 구속함을 받은 자가 편안하고 행복한 웃음 지으며 그 길을 다니게 하십니다.(8-10절) 하나님께서 만들어 놓으신 길은 거룩한 길이며, 세속에 물든 길이 아닙니다. 그 길을 다니는 자들은 구속함을 받은 자이기에, 하나님 안에서 두려움과 불안을 떨쳐버리고 웃으며 만족하며 거닐 것입니다. 여기서 우리는 '내가 곧 길이요 진리요 생명'(요 14:6)이라 말씀하신 예수님을 생각하게 됩니다.

하나님은 거룩한 길을 만드십니다.(8절) 메시야이신 예수님은 생명의 길, 진리의 길, 사랑의 길입니다.(요 14:6) 그분을 그리스도로 영접하는 곳에는 거룩한 길이 열립니다. 우리가 적개심 대신에 포용하는 마음을 품으면 너와 나 사이에 만들어진 찬바람 부는 광야에 거룩한 길이 열립니다. 우리가 거짓과 이기심 대신에 정직과 공의의 마음을 품으면 거기에 거룩한 길이 생겨나고 그 길을 통해 하나님께로 향하게 됩니다.

　이런 일은 천국과 영생에 관해 눈이 열린 거룩한 사람에게만 가능합니다. 그 눈이 열린 사람은 세상에서 얻는 지식이나 정보와는 비교도 할 수 없는 하나님을 아는 거룩한 지식의 가치를 압니다. 그 눈을 뜬 사람은 이 세상에서 얻는 소유나 명예, 지위나 사람의 인정 등과 도저히 비교도 할 수 없는 즐거움을 안고 살아갑니다. 그 사람에게는 자기 인생에 정말로 없어서는 아니 될 것이 무엇인지를 정확하게 분별할 능력이 주어집니다. 무엇을 버려야 하고 무엇을 취해야 할지를 선택하는 기준이 맑고 밝아집니다. 이사야서 35장은 이런 기쁨을 받아 안은 사람의 노래입니다.

기도

　길이신 주님, 저희에게 주님의 길에 눈을 뜨게 하소서. 길이 아닌 길로 가는 인생을 불쌍히 여기시며 긍휼과 자비를 베풀어주소서. 거룩하신 예수님 이름으로 기도드립니다.

17

위로하시는 메시아를 만납니다

(사 40:1-5)

찬송: '이 몸의 소망 무언가'(488장)

1 너희의 하나님이 이르시되 너희는 위로하라 내 백성을 위로하라

2 너희는 예루살렘의 마음에 닿도록 말하며 그것에게 외치라 그 노역의 때가 끝났고 그 죄악이 사함을 받았느니라 그의 모든 죄로 말미암아 여호와의 손에서 벌을 배나 받았느니라 할지니라 하시니라

3 외치는 자의 소리여 이르되 너희는 광야에서 여호와의 길을 예비하라 사막에서 우리 하나님의 대로를 평탄하게 하라

4 골짜기마다 돋우어지며 산마다, 언덕마다 낮아지며 고르지 아니한 곳이 평탄하게 되며 험한 곳이 평지가 될 것이요

5 여호와의 영광이 나타나고 모든 육체가 그것을 함께 보리라 이는 여호와의 입이 말씀하셨느니라

본문은 바벨론에 있는 유다 백성에게 전하는 말씀입니다. 그 첫마디는 '위로 하라 위로하라'입니다. 마더 테레사가 쓴 글입니다: '가장 큰 질병은 결핵이나 문둥병이 아닙니다. 아무도 돌아보지 않고, 아무도 위로하지 않고, 아무도 사랑하지 않고, 아무도 필요로 하지 않는 것, 이것이 가장 무서운 질병입니다. 세상에는 빵이 없어서 죽어가는 사람도 많지만 작은 사랑이 없어서 죽어가는 사람이 더 많습니다.'

이 세상에 '위로'가 필요없는 사람은 단 한 사람도 없습니다. 남녀노소, 빈부귀천을 막론하고 다 그렇습니다. 상처받았다는 말은 곧 위로받고 싶다는 뜻입니다. 대한민국에도 위로가 필요합니다. 한때 한국인인 것에 자부심을 느끼며 살았던 우리는 큰 상처를 입었습니다.

위로받아야할 이들을 가리켜 하나님은 '내 백성'이라 부르셨습니다. 그들에게 '노역의 때가 끝났고 모든 죄가 사함을 받았다'고 말씀하셨습니다. 유다 백성은 주전 605년 바벨론의 공격을 받아 포로로 잡혀갔습니다.(1차 포로) 그 바벨론은 주전 539년 바사(페르시아)에게 멸망당했습니다. 그 이듬해 바사왕 고레스는 칙령을 발표하여 포로로 잡혀 온 모든 민족들을 돌려보내고 그들의 성전을 재건하게 했습니다. 그리하여 주전 537년 스룹바벨의 인도아래 유다의 백성이 예루살렘으로 되돌아왔습니다.(1차 귀환) 이사야는 이런 사정을 가리켜 노역의 때가 끝났다라고 했습니다.

위로의 메시지를 전하는 선지자가 해야 할 일은 광야에 여호와의 길을 예비하는 것입니다. 거기서는 산마다 작은 산마다 낮아집니다. 골짜기는 문자 그대로 산골짜기이겠습니까? 이것은 비유입니다. 이것은 '나에겐 소망이 없어, 나는 꿈을 이룰 수 없어, 난 이미 글렀어'라며 자포자기의 깊은 골에 웅크리며 사는 것입니다. 자기 생각 자기 경험에 이끌리는 사람에게 하나님은 '과거는 이미 지나갔다'고 선언하셨습니다.(2절)

작은 모습으로, 아주 낮고 천한 모습으로 우리에게 찾아오시는 메시야를 영접하려면, 우리 마음에 있는 크고 작은 산같이 삐쭉 삐죽 솟아있는 것들이 낮아져야 합니다. 바리새인 못지않은 교만한 마음, 자기가 남보다 잘났고, 자기 의견만이 남의 의견보다 옳다고 억지를 부리는 오만한 마음, 자기가 하는 일이 남들이 하는 일보다 더 중요하고 잘해낸 듯이 생각하는 얼토당토않은 마음 등 뾰족한 것들이 다 낮아져야 비로소 마굿간에 태어나는 아기가 메시야로 보입니다. 이로써 우리는 여호와 하나님의 영광을 만나게 될 것입니다.(사 40:10-11)

진정한 위로는 무엇입니까? 첫 번째는 하나님 말씀을 깊이 묵상하는 것입니다. '이 말씀은 나의 고난 중의 위로라 주의 말씀이 나를 살리셨기 때문이니이다'(시 119:50) 그 다음은 아픈 마음, 거친 마음, 괴로운 마음을 토닥토닥 달래주는 것입니다. 그리고 나서 세속에 물든 마음의 옷을 예수 그리스도의 겸손하고 온유한 마음으로 갈아입는 것, 상하고 지친 우리 마음을 하나님 영광에 머무는 자리로 갈아엎는 것입니다.

인생을 행복하게 사는 사람은 작은 일에서 행복을 찾습니다. 작은 것에 행복을 찾는 사람에게는 즐거워할 거리가 차곡차곡 쌓이고, 큰 일에서 행복을 찾는 사람에게는 불만이 차곡차곡 쌓입니다.

기도

'자비의 아버지시요 모든 위로의 하나님이시며 우리의 모든 환난 중에서 우리를 위로하사 우리로 하여금 하나님께 받는 위로로써 모든 환난 중에 있는 자들을 능히 위로하게 하시는'(고후 1:3-4) 주님, 저희를 위로해 주시고, 또 위로하는 자로 써 주소서. 예수님 이름으로 기도드립니다.

18

어린 양을 안으시는
메시아를 만납니다(사 40:6-11)

찬송: '하늘에 가득 찬 영광의 하나님'(9장)

6 말하는 자의 소리여 이르되 외치라 대답하되 내가 무엇이라 외치리이까 하니 이르되 모든 육체는 풀이요 그의 모든 아름다움은 들의 꽃과 같으니

7 풀은 마르고 꽃이 시듦은 여호와의 기운이 그 위에 붊이라 이 백성은 실로 풀이로다

8 풀은 마르고 꽃은 시드나 우리 하나님의 말씀은 영원히 서리라 하라

9 아름다운 소식을 시온에 전하는 자여 너는 높은 산에 오르라 아름다운 소식을 예루살렘에 전하는 자여 너는 힘써 소리를 높이라 두려워하지 말고 소리를 높여 유다의 성읍들에게 이르기를 너희의 하나님을 보라 하라

10 보라 주 여호와께서 장차 강한 자로 임하실 것이요 친히 그의 팔로 다스리실 것이라 보라 상급이 그에게 있고 보응이 그의 앞에 있으며
11 그는 목자 같이 양 떼를 먹이시며 어린 양을 그 팔로 모아 품에 안으시며 젖먹이는 암컷들을 온순히 인도하시리로다

본문은 인생의 모습과 하나님의 사랑을 보여줍니다. 인생을 풀에 비유하면서 풀은 마르고 그 꽃은 시든다고 합니다.(6-8절) 이는 인생이 연약하고 유한하다는 뜻입니다. 우리에겐 한때 쌩쌩하고 아름다웠다가 세월이 지나면 초라해지는 것이 있습니다. 그것이 무엇입니까? 겉사람(육체의 젊음)이 그렇습니다. 높은 지위를 귀한 복으로 여기면 그것이 사라질 때 초라해집니다. 명예와 재산을 귀한 복으로 여기면 그것이 사라질 때 볼품없어집니다. 이렇게 때에 따라서 바뀌게 되어 있는 것을 가리켜 진정한 복이라고 할 수가 없는 이유입니다.

하나님께 속한 것은 영원히 변치 않습니다. '하나님 말씀은 영원히 서리라'(8절) 하신 그대로입니다. 이사야는 이것을 아름다운 소식이라 했습니다. 이것을 체험하기 위해 사람이 해야 할 것이 두 가지로 나와 있습니다.(9절) 하나는 높은 산에 오르는 것이요 다른 하나는 하나님을 보는 일입니다.

첫째, 산에 오르라는 말씀은 등산하라는 뜻이 아닙니다. 여기서 우리는 동방박사들을 생각합니다. 그들은 메시야를 만나러 머나먼

길 험한 길을 마다하지 않고 예루살렘에 왔습니다. 그곳이 아니라는 말을 듣고 베들레헴으로 왔습니다. 그 두 곳에서 그들은 너무나 다른 모습을 보았습니다. 예루살렘 왕궁의 화려함과 베들레헴의 초라함을 직접 눈으로 확인했습니다. 헤롯대왕의 위엄과 갓 태어난 아기의 무기력함을 눈으로 보았습니다. 그런데도 그들은 그 아기를 보호하려고 헤롯왕의 명령을 어겼습니다. 자신들에게 닥칠지도 모르는 모든 위험을 감수했습니다. 일부러 다른 길을 선택하여 자기 나라로 돌아갔습니다. 베들레헴 마굿간을 본 그들은 작은 것을 보면서 별 볼일 없다고, 작다고 단정하지 않았습니다.

하나님께 속한 것이라면 작아도 작게만 보지 않는 것, 평범해도 그 속에 깃든 위대함을 꿰뚫어 보는 것이 신앙입니다. 지금은 비록 작고 연약하며 때로 절망적으로 느껴지더라도 하나님의 은혜가 임하는 순간, 하나님의 손길이 닿는 순간 거기에서 생겨날 놀랍고도 신기한 변화를 믿으며 사는 것이 믿음입니다.

둘째, 이사야는 '하나님을 보라'고 외쳤습니다. 보는 것에는 다양한 편차가 있습니다. 눈뜨고 본다고 해서 다 같지 않습니다. 한자로는 견(見)·간(看)·시(視)·관(觀)·람(覽)이 많이 쓰입니다. 견(見)은 사람의 신체기관 중에서 눈을 강조한 모양입니다. 보고 생각하며 이해하는 것입니다.(see) 간(看)은 눈 목(目)자 위에 손(手)을 얹고 비교적 먼 것을 자세히 보려는 것입니다.(look) 시(視)는 눈에 보이는 것의 구체적인 내용을 꼼꼼히 살피는 것입니다.(watch) 예전에 남의 나라 사정을 염탐하려고 보낸 스파이를 시인(視人)이라 불렀습니다. 관(觀)은 구경하는 것을 가리킵니다. 람(覽)은 살펴보고 견주어 보는 것입니다. 도서 열람실(閱覽室) 등에 쓰입니다. 이 밖에 감(監)은 대야의 물에 자기를 비추며 살펴보는 것에서 유래하여 감시(감독)라고 합니다. 진(診)은 신중하게 살펴서 판단을 내린다는 뜻이니 진료(진단, 진찰) 등에 쓰입니다. 도(覩·睹)는 눈으로 직접 보는 것을, 사(覗)·첨(覘)·한(覸)은 엿보는 것을 가리킵니다.

하나님을 바라볼 때 우리는 무엇을 보아야 하겠습니까? 이스라엘이 보아야 할 하나님은 i) 자기 백성에게 강한 자로 임하는 분입니다.(10절) 한 때 세상 권력이나 군사력 또는 경제력이 주인 노릇했습니다. 바벨론은 마치 천년만년 다스릴 것처럼 주변 민족들에게 큰소리쳤습니다. 그러다가 마치 풀이 마르고 꽃이 시들듯이 하루아침에 망했습니다. 여기서 이스라엘은 하나님 말씀만이 굳게 서는 것을 체험했습니다. ii) 하나님은 어린 양을 모으시고 품에 안으시고 온순히 인도하시는 선한 목자입니다.(11절) 예수님은 암탉이 병아리를 품듯이 우리를 은혜의 날개 아래 품고자 메시야로 이 세상에 오셨습니다.

기도

영원하신 하나님, 한 때 잘 나가나 이내 사라질 것 썩어질 것에 현혹되지 않게 저희를 도우소서. 하나님께서 친히 다스리시는 것에 눈뜨게 하소서. 예수님 이름으로 기도드립니다.

19

힘을 실어주시는 메시아를 만납니다

(사 40:27-31)

찬송: '주를 앙모하는 자'(354장)

27 야곱아 어찌하여 네가 말하며 이스라엘아 네가 이르기를 내 길
은 여호와께 숨겨졌으며 내 송사는 내 하나님에게서 벗어난다
하느냐

28 너는 알지 못하였느냐 듣지 못하였느냐 영원하신 하나님 여호
와, 땅 끝까지 창조하신 이는 피곤하지 않으시며 곤비하지 않으
시며 명철이 한이 없으시며

29 피곤한 자에게는 능력을 주시며 무능한 자에게는 힘을 더하시나니

30 소년이라도 피곤하며 곤비하며 장정이라도 넘어지며 쓰러지되

31 오직 여호와를 앙망하는 자는 새 힘을 얻으리니 독수리가 날개
치며 올라감 같을 것이요 달음박질하여도 곤비하지 아니하겠고
걸어가도 피곤하지 아니하리로다

본문은 하나님께서 세상사에 지친 이스라엘 백성을 위로하고 힘 주시는 이야기입니다. 그들은 오랜 포로생활에 지쳤습니다. 세월이 흘러도 마음의 소원이 이뤄지지 않아 마음이 상했습니다. 그들은 '내 길은 여호와께 숨겨졌으며 내 송사는 내 하나님에게서 벗어난다'고 푸념했습니다.

이런 그들에게 이사야는 하나님이 어떤 분인지를 소개했습니다. 첫째로 그분은 영원하신 분입니다. 이는 여호와가 시간을 초월하여 어제도 오늘도 내일도 존재하는 분이라는 사실과 함께 모든 시간(역사)의 주인이라는 뜻입니다. 하나님은 시간(역사) 안에서 일어나는 일들을 다스리는 분입니다.

둘째로 그분은 땅 끝까지 창조하신 분입니다. 여기서 '땅 끝'이란 하나님이 보이지 않는 현실을 가리킵니다. 포로민의 눈에는 온통 바벨론과 그들의 신 마르둑만 보였습니다. 포로민에게는 그들을 이길 힘이 없었습니다. 때리면 맞아야 했고 죽으라면 죽는 시늉까지 했습니다. 그들은 벼랑 끝에 몰려 있었습니다. 그 현실에 절망했습니다. 그들에게 이사야는 창조주 하나님을 소개했습니다. 그분은 피조물 전체를 만드시고 다스리는 분이라고 했습니다. 그분은 지치거나 피곤한 법이 없습니다. 비록 지금은 이스라엘의 죄로 인하여 정화와 갱신을 위한 심판의 시기에 살고 있더라도 이것 역시 창조주의 뜻 안에 있음을 알려주었습니다.

셋째로 하나님은 구원하시는 분입니다. 이스라엘 백성 중에는 하나님께서 자신들의 처지와 형편을 돌보지 않는다고 여기는 사람들이 있었습니다. 이사야는 그들에게 하나님은 피곤한 자에게는 능력을, 무능한 자에게는 힘을 더하시는 분이라 했습니다. 성경에서 '능력'(코아흐)이란 말은 생명력 생산력 기력 정신력 체력 등을 의미합니다. 무능하단 말은 힘이 없다는 뜻입니다. 하나님은 힘이 빠진 자신의 백성에게 힘을 실어주시는 분입니다.

본문에 가장 많이 쓰인 낱말은 무엇입니까? 피곤하다와 곤비하다입니다. 이는 마음(육체)의 상태나 일의 상황 및 환경 때문에 힘이 빠져버린 모습을 보여줍니다. 하나님은 모르는 사람은 이런 상태에서 벗어나려고 자기 스스로 안간힘을 다하다가 결국 넘어집니다. 젊고 건강하다고 항상 힘이 넘칠 수는 없습니다. 거친 세파에 어느 정도까지는 견뎌낼 수 있습니다. 아니 잘 버티는 것처럼 보일 뿐입니다. 그러다가 어느 순간 갑자기 '여기까지다'하며 무너집니다. 유능하고 지혜롭다고 인정받던 사람도 하루아침에 쓰러지곤 합니다.

하나님을 아는 사람은 하나님을 앙망합니다. 하나님의 때와 방법을 기다립니다. '이제 야곱의 집에 대하여 얼굴을 가리시는 여호와를 나는 기다리며 그를 바라보리라'(사 8:17) 하나님을 신뢰하며 그분께 소망을 두기에 그는 보통 사람과 다릅니다. 그가 지닌 힘의 원천은 하나님입니다. 그가 자기 자신과 세상을 이기는 힘은 하나님에게서 나옵니다. '예수께서 하나님의 아들이심을 믿는 자가 아니면 세상을 이기는 자가 누구냐'(요일 5:4) 오늘 우리는 어떻습니까?

기도

하나님, 세상적인 소리와 세속적인 일과 근심걱정이 저희 귀와 눈과 마음을 사로잡으려 합니다. 이럴 때에도 하나님의 말씀과 목적, 때와 방법을 신뢰하며 기다릴 힘을 주소서. 그리스도이신 예수님 이름으로 기도드립니다.

20

손잡아 주시는 메시아를 만납니다

(사 41:10-16)

찬송: '구주 예수 의지함이'(542장)

10 두려워하지 말라 내가 너와 함께 함이라 놀라지 말라 나는 네 하나님이 됨이라 내가 너를 굳세게 하리라 참으로 너를 도와 주리라 참으로 나의 의로운 오른손으로 너를 붙들리라

11 보라 네게 노하던 자들이 수치와 욕을 당할 것이요 너와 다투는 자들이 아무것도 아닌 것 같이 될 것이며 멸망할 것이라

12 네가 찾아도 너와 싸우던 자들을 만나지 못할 것이요 너를 치는 자들은 아무것도 아닌 것 같고 허무한 것 같이 되리니

13 이는 나 여호와 너의 하나님이 네 오른손을 붙들고 네게 이르기를 두려워하지 말라 내가 너를 도우리라 할 것임이니라

14 버러지 같은 너 야곱아, 너희 이스라엘 사람들아 두려워하지 말라 나 여호와가 말하노니 내가 너를 도울 것이라 네 구속자는

이스라엘의 거룩한 이이니라

15 보라 내가 너를 이가 날카로운 새 타작기로 삼으리니 네가 산
  들을 쳐서 부스러기를 만들 것이며 작은 산들을 겨 같이 만들
  것이라

16 네가 그들을 까부른즉 바람이 그들을 날리겠고 회오리바람이 그
  들을 흩어 버릴 것이로되 너는 여호와로 말미암아 즐거워하겠
  고 이스라엘의 거룩한 이로 말미암아 자랑하리라

본문은 맥이 빠져있는 하나님의 백성에게 주시는 하나님의 약속
입니다. 10절에 그 다섯 가지가 있습니다. i) 내가 너와 함께 함이니
라 ii) 나는 네 하나님이 됨이니라 iii) 내가 너를 굳세게 하리라 iv)
내가 너를 도와주리라 v) 나의 의로운 오른손으로 너를 붙들리라.
이 가운데 두 가지만 상고합니다.

첫째, 하나님은 우리를 굳세게 하리라고 약속하셨습니다. 우리 시
대와 우리 자신의 모습에 비추어 이 약속을 적용해봅니다. 우주를
날아다니며 핸드폰 같이 작은 것에 수백만 수억 개 정보를 저장하
다니 인간은 참으로 대단합니다. 다른 한편 주체하지 못하는 슬픔에
몸부림치는 사람, 외로움에 떨며 밤을 새우는 사람, 심한 질병에 하
얗게 질리는 사람, 피할 수 없는 죽음 앞에서 지푸라기라도 잡으려
는 사람을 보십시오. 인간은 가엾을 정도로 정말 나약합니다. 이에
하나님은 이스라엘을 가리켜 '버러지 같은 너 야곱아'라고 부르셨습니

다. 그런 우리를 '산을 쳐 부스러기로' 만들 정도로 굳세게 하십니다.

문제의 크기에 비해 우리 자신은 연약할 수 있습니다. 해야 할 일은 막중한데 비해 우리 능력은 보잘 것 없을 수 있습니다. 물론 이런 것이 아무 것도 시도하지 않는 핑계가 되면 곤란합니다. 세상을 창조하실 때 하나님은 우리 없이 하셨지만 세상을 변화시킬 때에는 우리도 함께 참여하시기를 원하십니다. 이를 위해 하나님은 우리를 굳세게 하십니다.

둘째, 하나님은 오른손으로 우리를 붙들어주시겠다고 약속하셨습니다. 여기서 오른손이란 무슨 뜻입니까? 성경에서 오른쪽은 바르고 복된 방향을 가리킵니다. 야곱은 요셉의 두 아들을 위해 축복 기도를 드릴 때 동생에게 더 큰 복을 받게 하고 싶어서 오른손을 그에게 얹었습니다.(창 48:14) 오른쪽은 변호하거나 돕는 사람이 서는 자리입니다. 오른손은 때때로 위엄과 권능과 영광과 명예를 표시합니다. 그것은 구원의 손이며, 정의의 손이며, 능력있는 손이며, 서약하거나 선언할 때 사용하는 손입니다.

하나님께서 오른손으로 나(우리)를 붙들겠다는 말씀은 하나님이 사랑과 능력의 손으로 나(우리)를 구원하고 돕고 지키신다는 뜻입니다. 하나님께서 오른손으로 나(우리)를 지켜주신다면 세상살이에서 그 어떤 실패나 좌절, 질병이나 고통이 찾아오더라도 두려워하거나 놀라지 않고 늠름하게 대처할 용기가 생깁니다.

초대교회 스데반 집사는 복음을 전하다가 돌에 맞았습니다. 죽어가는 순간 그의 눈에는 하나님의 영광과 그 오른편에 서신 예수님이 보였습니다. 그때 그는 '주여 이 죄를 그들에게 돌리지 마옵소서'(행 7:60)라고 기도드렸습니다. 그리고 죽음에 대한 공포를 잊고 행복하게 순교했습니다. 오늘 우리에게 두려워할 일이 있습니까? 어깨를 짓누르고 발걸음을 무겁게 하는 짐이 있습니까? 그렇다면 지금 믿음의 눈을 뜨십시오. 그리고 나(우리)를 포근히 붙들고 계신 하나님의 오른손을 보십시오. 전능하신 그분의 손, 사랑 가득한 그 손을 잡으십시오.

기도

'너는 내게 부르짖으라 내가 네게 응답하겠고 네가 알지 못하는 크고 비밀한 일을 네게 보이리라'(렘 23:3) 말씀하신 주님, 저희를 거친 환경에서도 주님 약속을 굳게 붙들도록 성령으로 감동감화하소서. 그리스도이신 예수님 이름으로 기도드립니다.

21

상한 갈대가 메시아를 만납니다

(사 42:1-4)

찬송: '주 예수 이름 높이어'(36장)

> 1 내가 붙드는 나의 종, 내 마음에 기뻐하는 자 곧 내가 택한 사람을 보라 내가 나의 영을 그에게 주었은즉 그가 이방에 정의를 베풀리라
> 2 그는 외치지 아니하며 목소리를 높이지 아니하며 그 소리를 거리에 들리게 하지 아니하며
> 3 상한 갈대를 꺾지 아니하며 꺼져가는 등불을 끄지 아니하고 진실로 정의를 시행할 것이며
> 4 그는 쇠하지 아니하며 낙담하지 아니하고 세상에 정의를 세우기에 이르리니 섬들이 그 교훈을 앙망하리라

본문은 하나님께서 불러 세우신 종에 관한 말씀입니다. 그는 어떤 사람입니까? 하나님께서 붙드시는 곧 뒷받침해 주시는 사람입니

다. 하나님께서 그 사람에게 호감을 느끼십니다. 하나님께서 그를 선택하십니다. 하나님께서 성령을 보내시며 그를 이끌어주십니다. 히브리성경은 '하나님께서 나를 뒷받침해 주시는구나' 라는 믿음이 확실해지고 나니, 그 때부터 하나님께서 베푸시는 은혜들이 눈에 띄었다는 짜임새로 되어 있습니다. 본문에 붙들어 준다는 말은 성경과 고대문헌에 '손을 잡아준다'는 뜻으로 많이 쓰였습니다. 이 말 속에는 마음을 담아서 지지하고 힘을 모아서 지원을 한다는 뜻이 담겨있습니다. 이것은 구원이란 말과 나란히 쓰이곤 합니다.(시 41:13; 63:9; 사 41:8-13)

그런 예가 있습니다. 선지자 엘리야입니다. 신변의 위협을 느낀 그가 요단강의 한 지류인 그릿시내에 피신해 있을 때입니다. 하나님께서 까마귀를 시켜 엘리야에게 음식을 가져다 주셨습니다. 어떤 사람은 '하나님 은혜는 사람이 미처 생각하지 못하는 방법으로도 이루어지니, 하나님의 지혜는 정말 크다'라며 자신에게 하나님께서 이미 내려주신 은혜들을 헤아리며 감사드릴 것입니다.

또 어떤 사람은 이렇게 말할지 모릅니다. '하나님도 참 너무하시지, 이왕 도와주시려면 힘 있는 자를 움직여 도와주실 일이지, 도대체 저 까마귀가 뭡니까' 라고. 또 다른 사람은 '아마 까마귀가 먹다가 배불러서 버린 것이겠지' 하고 생각할 것입니다. 그런 사람은 엘리야를 까마귀밥이나 먹어야 할 만큼 버림받은 사람으로 여길 것입니다.

엘리야는 '세상의 거친 세파에 떠밀려 이리 저리 흔들리는 나를 하나님께서 뒷받침해 주시는구나'라고 했습니다. 까마귀를 보면서 '하나님을 위해 죽을 각오도 했지만, 막상 위험이 눈앞에 닥치니 도망친 나를 하나님께서 버리지 않고 보살펴주시는구나'라고 느꼈습니다. 그는 '상한 갈대를 꺾지 않으며 꺼져 가는 등불도 끄지 않으며 진리로 공의를 베푸시는' 하나님의 따뜻한 마음을 보았습니다.(3절)

자신을 향한 하나님의 따뜻한 마음을 알고 나니 용기가 생깁니다. 능력이 솟아납니다.

자신을 죽이려고 하는 아합 왕과 왕비 이세벨이 아직도 두 눈을 시퍼렇게 뜨고 있습니다. 그전 같으면 이럴 때 가야 할 길을 버리고 도망쳤습니다. 지금은 달라졌습니다. '하나님께서 나를 뒷바침해주시는 데…' 하는 믿음이 확고해 지고 나니, 비록 가진 능력은 적지만 하나님께서 보여주시는 길을 갈 마음을 먹었습니다. 도우시는 하나님을 믿는 믿음의 길을 당당히 걸어갈 의욕으로 가득찼습니다. '그는 쇠하지 아니하며 낙담하지 아니하고 세상에 정의를 세우기에 이르리니 섬들이 그 교훈을 앙망하리라'라는 신앙의 수준에 이르렀습니다.

세상만사에는 여러 가지 측면이 있습니다. 사람이 보는 눈과 느끼는 마음도 여러 가지입니다. 우리는 보는 눈이 다양한 것을 인정하거나, 느끼는 마음에는 이것도 일리 있고 저것도 일리 있다고 받아주는 데서 끝나지 않습니다. 그보다는 매사에 '하나님께서 어떻게 보시는가'에 집중합니다. 그리고 자신을 붙들며 지지하시는 하나님의 거룩한 사랑을 깨닫습니다.

기도

하나님, 저희는 주의 일에 꾸준하지 못합니다. 말씀에 반응하는 태도도 확고부동하지 못합니다. 자주 마음이 상합니다. 이럴 때에도 저희를 꼭 붙들어 주소서. 예수 그리스도의 이름으로 기도드립니다.

22

초월할 수 있기를 소망합니다

(사 42:5-9)

찬송: '주의 영광 빛나니'(132장)

5 하늘을 창조하여 펴시고 땅과 그 소산을 내시며 땅 위의 백성에게 호흡을 주시며 땅에 행하는 자에게 영을 주시는 하나님 여호와께서 이같이 말씀하시되

6 나 여호와가 의로 너를 불렀은즉 내가 네 손을 잡아 너를 보호하며 너를 세워 백성의 언약과 이방의 빛이 되게 하리니

7 네가 눈먼 자들의 눈을 밝히며 갇힌 자를 감옥에서 이끌어 내며 흑암에 앉은 자를 감방에서 나오게 하리라

8 나는 여호와이니 이는 내 이름이라 나는 내 영광을 다른 자에게, 내 찬송을 우상에게 주지 아니하리라

9 보라 전에 예언한 일이 이미 이루어졌느니라 이제 내가 새 일을 알리노라 그 일이 시작되기 전에라도 너희에게 이르노라

이 말씀은 하나님은 어떤 분이신지, 하나님 안에 있는 사람에게 하나님은 무엇을 이루시는가를 알려줍니다.

하나님은 i) 하늘을 창조하여 펴시고 ii) 땅과 그 소산을 내시며 iii) 땅 위의 백성에게 호흡을 주시며 iv) 땅에 행하는 자에게 영을 주시는 여호와(사 42:5)입니다. 이 가운데 4번째 부분에 집중해 봅니다. 하나님께서 우리에게 주시는 영(성령)의 특징은 무엇입니까? 성령님은 초월하게 만드시는 분입니다.

초월이 무엇입니까? 하나님의 눈으로 세상과 세상 안에 있는 것들을 바라보는 것입니다. 사람에게는 자신이 당면한 문제만 자꾸 자꾸 생각하는 경향이 있습니다. 많이 생각하며 집중하면 해결책이 나온다고 여깁니다. 이런 생각으로 어떤 사람은 다른 사람들을 만나지도 않고 방 밖으로 나오지도 않고 문제만 붙들고 생각합니다. 창세기 15장에 보니 아브라함은 자녀를 낳지 못하는 문제로 고민하며 밤잠도 이루지 못하고 천막 안에서 끙끙거렸습니다. 그때 하나님은 그를 천막 밖으로 불러내셨습니다. 그리고 눈을 높이 들어 별빛이 빛나는 밤하늘을 바라보게 하셨습니다.

우리가 안고 있는 문제는 원래 다 해결되지는 않게 되어 있습니다. 이것을 아는 것이 지혜입니다. 우리가 겪는 문제를 우리가 다 해결할 수 없다는 것을 아는 지혜로운 사람은 해결되지 않은 인생의 문제들을 주님께 맡기면서 그냥 앞으로 나아갈 뿐입니다. 안 되면 안 된 채로, 미진하면 미진한 채로 그냥 앞을 바라보며 나아갈 뿐입니다.

학창시절을 되돌아봅니다. 중학교 1학년 때 배운 것 다 알고 그 지식을 다 습득하고 난 다음에 2학년으로 올라갔습니까? 아닙니다. 90점 맞아도, 60점 맞아도, 30점 맞아도 다 한 학년 올라갔습니다. 중학교 2학년 때 배운 것을 다 알지 못하면서도 3학년이 되었습니다.… 나중에 고등학교 1학년이 되고 보니까 중1 때 배운 것을 거의 다 알게 되었습니다. 그때는 몰랐던 것이 신기하게도 저절로 알게 되었습니다. 이것이 초월입니다. 우리에게 오는 문제에 대해서 주님께 맡기고 그때그때 충성하며 나아가면 하나님께서 그를 건져주십니다. 문제를 안고 있으면서도 시련을 당하고 있으면서도 하나님을 바라보며 앞으로 나가는 것, 바로 이것이 초월입니다.

하나님께서 부르시고 선택하여 세운 사람에게는 이방의 빛이 되는 사명이 주어졌습니다.(6b) 예수님이 어떤 분이십니까. 유대인이 쌓은 막혀 있는 담을 허무셨습니다.

그리스도를 교회의 머리라고 고백하는 교회의 비밀은 무엇입니까. 나이가 다른 사람들이 모여서, 생각도 경험도 생활의 자리도 다른 사람들이 모여서 한 소리로 찬양하고 같은 귀로 말씀을 듣는 것입니다. 이방인과 유대인이 하나 되어서 예배드리는 공동체, 그것이 교회의 비밀입니다.

교회의 특징이 무엇입니까. 담을 넘고 벽을 넘습니다. 자기 자신을 아끼는 마음이 타인을 아끼는 마음으로 확장됩니다. 우리 교회를 아끼는 마음이 이 세상 모든 교회를 아끼는 마음으로 이어집니다. 우리 민족을 아끼는 마음이 지구촌에 사는 모든 나라와 민족을 품는 마음으로 확장됩니다.

이것은 예수님이 이 세상에 오심으로 이루어졌습니다. '스불론 땅과 납달리 땅과 요단강 저편 해변 길과 이방의 갈릴리여 흑암에 앉은 백성이 큰 빛을 보았고 사망의 땅과 그늘에 앉은 자들에게 빛이 비취었도다'(마 4:15)

당시 이스라엘 백성은 자기들의 본거지가 유대지방이라고 생각했습니다. 자기 나라의 영토에 속한 갈릴리 지방을 가리켜 이방의 갈릴리라고 말할 정도였습니다. 바로 그 갈릴리에 예수님이 사셨습니다. 예수님은 유대인이면서도 유대인의 한계를 초월하셨습니다. 자기 가문이 유대 지방 출신이라는 한계를 뛰어넘고, 사마리아 지방, 사마리아 사람에게 다가가셨습니다. 예수님은 이렇게 한계를 뛰어넘으셨습니다.

사 42:7에는 한계 속에 사는 세 부류의 사람이 나옵니다. i) 소경, 시각적인 한계의 제한을 받지요? ii) 갇힌 자, 공간적인 한계의 제한을 받는 사람이지요? iii) 흑암, 영적인 한계가 있는 사람이지요? 하나님께서 부르신 사람, 하나님께서 보내시는 사람은 자기에게 있는 한계를 뛰어넘고 그 제한을 초월하는 능력이 생깁니다. 물론 자기 자신으로부터 생기는 것이 아니라, 땅에 행하는 자에게 성령님을 보내주시는 여호와 하나님께서 그렇게 만드십니다.

기도

창조주 하나님, 저희 안에 새로운 영을 창조하소서. 이기심과 분노와 이해관계에 집착하는 중에 저희 자신도 모르는 사이에 소경이 되어 갑니다. 갇힌 사람 닫힌 사람이 되어 갑니다. 오직 하나님만이 저희를 새롭게 창조하실 수 있음을 믿고 간구하오니 하나님 창조의 숨결을 불어넣어주소서. 예수님 이름으로 기도드립니다.

23

새 일을 창조하시는
메시아를 만납니다 (사 43:14-21)

찬송: '찬양하라 복되신 구세주 예수'(31장)

14 너희의 구속자요 이스라엘의 거룩한 이 여호와가 말하노라 너희
를 위하여 내가 바벨론에 사람을 보내어 모든 갈대아 사람에게
자기들이 연락하던 배를 타고 도망하여 내려가게 하리라

15 나는 여호와 너희의 거룩한 이요 이스라엘의 창조자요 너희의
왕이니라

16 나 여호와가 이같이 말하노라 바다 가운데에 길을, 큰 물 가운데
에 지름길을 내고

17 병거와 말과 군대의 용사를 이끌어 내어 그들이 일시에 엎드
러져 일어나지 못하고 소멸하기를 꺼져가는 등불 같게 하였느
니라

18 너희는 이전 일을 기억하지 말며 옛날 일을 생각하지 말라

> 19 보라 내가 새 일을 행하리니 이제 나타낼 것이라 너희가 그것을
>   알지 못하겠느냐 반드시 내가 광야에 길을 사막에 강을 내리니
> 20 장차 들짐승 곧 승냥이와 타조도 나를 존경할 것은 내가 광야에
>   물을, 사막에 강들을 내어 내 백성, 내가 택한 자에게 마시게 할
>   것임이라
> 21 이 백성은 내가 나를 위하여 지었나니 나를 찬송하게 하려 함이
>   니라

본문은 하나님께서 지난 날 하신 일 그리고 앞으로 하실 일을 보여줍니다. 16-17절은 출애굽 당시 홍해바다 사건을 생각하게 합니다. 하나님께서 바다 가운데 길을 내시고, 거센 물결 가운데로 사람이 지나갈 길을 만드셨다(16절)는 말씀은 출애굽기 14:21-22에 근거합니다. 이집트 군대가 전멸한 것(17절)은 출애굽기 14:23-28의 내용을 반영합니다. 이 일에 이스라엘이 한 것은 하나도 없었습니다. 전적으로 하나님 홀로 하셨습니다. '여호와께서 너희를 위하여 싸우시리니 너희는 가만히 있을지니라'(출 14:14)

여기서 이사야는 사람이 감히 상상조차 할 수 없는 방법으로 이스라엘을 구원하신 하나님을 소개했습니다. 그 하나님께서 이제 선택하신 백성에게 행하실 새 일을 창조하실 것입니다. '옛 일을 잊어버리고, 과거에 머물러 살지 말라'(18절 NIV)는 말씀은 눈에 보이는 것 귀에 들리는 것 생각의 언저리를 맴도는 것에 집착하지 말라는

뜻입니다.

과거에 붙잡혀 사는 사람은 지금 실제로 있는 긍정적인 것까지도 부정적으로 말합니다. 그는 장차 하나님께서 자기에게 주려고 예비하신 은혜를 바라보지 못합니다. 모든 일을 과거의 연장선에서 보기에 새 일을 이루시는 창조주 하나님의 사역을 알려고도 하지 않습니다. '보라 내가 새 일을 행하리니 이제 나타낼 것이라 너희가 그것을 알지 못하겠느냐'(19절)

과거 출애굽 사건에서 하나님은 바다에 길을 내고 건너게 하셨습니다. 이제 바벨론 포로에서 해방되는 새로운 출애굽에서 하나님은 광야 곧 마른 땅에 길을 내시고 사막에 강을 만드실 것입니다.(사 35:6-7) 그 구원은 들짐승들조차도 깜짝 놀라 하나님을 공경할 정도로 신기한 사건이 될 것입니다. 이리와 타조도 하나님을 찬양할 것입니다.(20절) 이것이 '새 일'입니다. 이 낱말(하다쉬)은 '새로운, 신선한' 보다는 '이제까지 한 번도 경험하지 못한 새롭고도 놀라운 일, 아직까지 한 번도 일어나지 않았던 일'이라는 뜻입니다.

이렇게 상상도 못할 놀라운 일을 하실 하나님은 과연 어떤 분입니까? 하나님은 구원자(구속자) 거룩한 자(구별된 자) 주님, 창조자 그리고 왕입니다.(14-15절) 이 칭호들은 하나님은 약속하신 일들을 이루시기에 충분한 의지와 능력을 지니신 분이라는 것을 말해줍니다. 그 하나님을 향해 사람이 할 일은 오직 찬양뿐입니다. 찬양은 하나님께서 하시는 새 일에 마음으로 기뻐하며 영혼을 모아 즐겁게 응답하는 것입니다. 또한 그 찬양은 그 자체로 하나님의 높고 거룩한

이름을 세상에 널리 알리고 전하는 것입니다.(사 43:10, 12)

12월은 주어진 한 해를 마무리하고 다가오는 한 해를 준비하는 계절입니다. 이때와 메시야를 기다리는 대림절이 겹치는 것이 참으로 절묘합니다. 마지막 한 장 남은 달력을 떼어내고 새 것으로 건다해서 새해가 저절로 오지 않습니다. 믿음 안에서 하나님께서 주신자기 모습과 생활에서 하나님 영광을 기대하는 마음이 간절해지면, 우리 인생 하루 하루가 복됩니다. 지난해보다 올해에는 더 감사를드리며 살면 그 한 해 한 해가 복됩니다.

기도

'그런즉 누구든지 그리스도 안에 있으면 새로운 피조물이라 이전것은 지나갔으니 보라 새 것이 되었도다'(고후5:17)라고 말씀하신하나님, 감사와 찬양이 저희 가슴과 입술에서 떠나지 않게 하소서.예수님 이름으로 기도드립니다.

<u>24</u>

턱없이 부족한 모습으로
메시아를 만납니다 (사 48:1-10)

찬송: '나 주를 멀리 떠났다'(273장)

1 야곱의 집이여 이를 들을지어다 너희는 이스라엘의 이름으로 일
컬음을 받으며 유다의 허리에서 나왔으며 여호와의 이름으로 맹
세하며 이스라엘의 하나님을 기념하면서도 진실이 없고 공의가
없도다

2 그들은 거룩한 성 출신이라고 스스로 부르며 이스라엘의 하나님
을 의지한다 하며 그의 이름이 만군의 여호와라고 하나

3 내가 예로부터 처음 일들을 알게 하였고 내 입에서 그것들이 나
갔으며 또 내가 그것들을 듣게 하였고 내가 홀연히 행하여 그 일
들이 이루어졌느니라

4 내가 알거니와 너는 완고하며 네 목은 쇠의 힘줄이요 네 이마는
놋이라

5 그러므로 내가 이 일을 예로부터 네게 알게 하였고 일이 이루어
  지기 전에 그것을 네게 듣게 하였느니라 그것을 네가 듣게 하여
  네가 이것을 내 신이 행한 바요 내가 새긴 신상과 부어 만든 신상
  이 명령한 바라 말하지 못하게 하였느니라
6 네가 들었으니 이 모든 것을 보라 너희가 선전하지 아니하겠느냐
  이제부터 내가 새 일 곧 네가 알지 못하던 은비한 일을 네게 듣게
  하노니
7 이 일들은 지금 창조된 것이요 옛 것이 아니라 오늘 이전에는 네
  가 듣지 못하였으니 이는 네가 말하기를 내가 이미 알았노라 하
  지 못하게 하려 함이라
8 네가 과연 듣지도 못하였고 알지도 못하였으며 네 귀가 옛적부터
  열리지 못하였나니 이는 네가 정녕 배신하여 모태에서부터 네가
  배역한 자라 불린 줄을 내가 알았음이라
9 내 이름을 위하여 내가 노하기를 더디 할 것이며 내 영광을 위하
  여 내가 참고 너를 멸절하지 아니하리라
10 보라 내가 너를 연단하였으나 은처럼 하지 아니하고 너를 고난
   의 풀무 불에서 택하였노라

본문은 은혜 안에 머물기에는 턱없이 부족한 이스라엘을 타이르
시는 하나님의 말씀입니다. 하나님을 떠난 그들의 모습은 크게 세
가지입니다.

첫째로 진실과 공의가 없습니다.(1절) 물론 그들은 여호와의 이름으로 맹세를 합니다. 이로써 자신의 행위에 거짓이 없다고 강조합니다. 이스라엘의 하나님을 기념합니다. 이로써 하나님을 의지한다고 합니다. 그들은 스스로를 가리켜 거룩한 성 출신이라며 영적 자부심을 보여주었습니다.(2절) 그들은 자신이 이렇다고 하는데, 문제는 하나님께서도 그들을 그렇게 보시냐 입니다. 하나님은 그들에게 '…하면서도 진실 안에도 공의 안에도 머물지 않았다'고 진단하셨습니다. 이를 테면 엘리사의 사환 게하시입니다. 엘리사는 문둥병에서 치유된 나아만 장군이 가져온 은금을 받지 않았습니다. 이때 게하시는 여호와의 이름으로 맹세하며 그 뒤를 쫓아갔습니다. 그리고 엘리사의 이름을 팔며 그것을 받아 숨겼습니다.(왕하 5:20-27)

둘째로 하나님 말씀에 순종하지 않았습니다.(3절) 하나님 이름을 만군의 여호와라고 부르면서도 그에 걸맞게 처신하지 않았습니다. 하나님의 말씀은 모두 우리에게 유익한 말씀입니다. 마땅히 우리 마음과 입술과 손과 발에 적용시켜야 할 말씀입니다. 이런 그들을 보며 이사야는 '네 목은 쇠의 힘줄이요 네 이마는 놋이라'(4절) 합니다. 그들은 황소고집을 부렸습니다. 주인이 고삐를 잡고 아무리 끌어도 황소는 가지 않겠다고 힘을 주고 버팁니다. 그러면 목에 힘줄이 섭니다. 이는 도를 넘는 불순종이란 뜻입니다.

셋째로 모태에서부터 배역했습니다. '모태에서부터 네가 배역한 자라 불린 줄을 내가 알았음이라'(8절) 이는 우리의 성정과 본성이 거룩하지 못하다는 뜻입니다. 우리는 마땅히 따라야할 하나님 말씀을 배척했습니다. 하루 이틀, 한 두 해가 아닙니다. 아담과 하와가 하나님 뜻을 거역한 이래 우리에게 이런 심성과 습관이 거머리같이 붙어 있습니다.

위와 같이 우리에겐 메시아를 만날 자격이 전혀 없었습니다. 하나님의 긍휼과 자비를 바랄 염치도 없었습니다. 하나님은 그것을 아시면서도 노하기를 더디 하며 참으셨습니다.(9-11절) '의인은 없나니 하나도 없는'(시 14:1 ; 롬 3:10) 상태를 보시면서도 우리에게 독생자를 보내셨습니다. 예수님을 그리스도로 영접하는 자에게 하나님의 자녀가 되는 권세를 주셨습니다. '하나님이 세상을 이처럼 사랑하사 독생자를 주셨으니 이는 그를 믿는 자마다 멸망하지 않고 영생을 얻게 하려 하심이라 하나님이 그 아들을 세상에 보내신 것은 세상을 심판하려 하심이 아니요 그로 말미암아 세상이 구원을 받게 하려 하심이라'(요 3:16-17)

우리는 영적으로든 육적으로든 메시야 앞에 나설 자격이 없습니다. 그러면서도 '세상을 이처럼 사랑하시는' 하나님의 은혜 안에 머물고자 예수님이 오시기를 기다립니다. 예수님께 나아오는 자를 받아주실 것을 믿고 고개를 들지도 못한 채 감히 나아옵니다.

기도

자비롭고 긍휼이 풍성하신 하나님, 오늘 저희는 주님 오시기를 기다립니다. 저희가 부족하고 추한 것을 알면서도, 아니 그렇기에 더욱 더 구속하시는 주님을 기다립니다. 주님 은혜로 저희를 덮어 주소서. 사랑 많으신 예수님 이름으로 기도드립니다.

25
말씀 듣는 자리에서
메시아를 만납니다(사 48:12-22)

찬송: '주의 말씀 듣고서'(204장)

12 야곱아 내가 부른 이스라엘아 내게 들으라 나는 그니 나는 처음
이요 또 나는 마지막이라

13 과연 내 손이 땅의 기초를 정하였고 내 오른손이 하늘을 폈나니
내가 그들을 부르면 그것들이 일제히 서느니라

14 너희는 다 모여 들으라 나 여호와가 사랑하는 자는 나의 기뻐하
는 뜻을 바벨론에 행하리니 그의 팔이 갈대아인에게 임할 것이
라 그들 중에 누가 이 일들을 알게 하였느냐

15 나 곧 내가 말하였고 또 내가 그를 부르며 그를 인도하였나니 그
길이 형통하리라

16 너희는 내게 가까이 나아와 이것을 들으라 내가 처음부터 비밀
히 말하지 아니하였나니 그것이 있을 때부터 내가 거기에 있었노

라 하셨느니라 이제는 주 여호와께서 나와 그의 영을 보내셨느
니라

17 너희의 구속자시요 이스라엘의 거룩하신 이이신 여호와께서 이
르시되 나는 네게 유익하도록 가르치고 너를 마땅히 행할 길로
인도하는 네 하나님 여호와라

18 네가 나의 명령에 주의하였더라면 네 평강이 강과 같았겠고 네
공의가 바다 물결 같았을 것이며

19 네 자손이 모래 같았겠고 네 몸의 소생이 모래 알 같아서 그의
이름이 내 앞에서 끊어지지 아니하였겠고 없어지지 아니하였으
리라 하셨느니라

20 너희는 바벨론에서 나와서 갈대아인을 피하고 즐거운 소리로 이
를 알게 하여 들려 주며 땅 끝까지 반포하여 이르기를 여호와께
서 그의 종 야곱을 구속하셨다 하라

21 여호와께서 그들을 사막으로 통과하게 하시던 때에 그들이 목마
르지 아니하게 하시되 그들을 위하여 바위에서 물이 흘러나게
하시며 바위를 쪼개사 물이 솟아나게 하셨느니라

22 여호와께서 말씀하시되 악인에게는 평강이 없다 하셨느니라

본문에는 '들으라'는 명령이 세 번 되풀이 나옵니다.(12, 14, 16절)
22장에 열 번 쓰인 이 말은 들어 아는 것과 그에 합당한 적용을 의
미합니다. 하나님은 인생에게 유익한 것을 가르치며 마땅히 행할 길

을 보여주십니다. 말씀을 들어야 하는 이유는 다음과 같습니다.

첫째로 하나님은 만물이 생기기 전에도 있던 것이 사라진 뒤에도 여전히 창조주입니다.(12절) 우주와 그 안에 있는 피조물들은 자신을 지혜와 권능으로 완벽하게 구상하고 만든 분을 웅장하게 찬양합니다. 동식물도 다 하나님의 선하심과 영광을 보여줍니다. 그것들은 하나님께서 부르시면 일제히 일어섭니다.(13절) 그들은 하나님께서 부르실 때 그 뜻을 수행하려고 일어나 대기합니다.

둘째로 하나님은 구속자이며 역사의 주인입니다.(14, 17절) 지난날 하나님은 이집트에서 이스라엘을 구원하셨습니다.(출애굽) 이제 하나님은 바벨론에서 구원하실 것입니다.(출바벨론) 이를 위해 예비하신 사람을 부르셨습니다. 그는 여호와께서 쓰시는 목자요(사 44:28) 여호와가 기름 부은 자요(사 45:1) 여호와의 뜻을 이룰 자입니다.(사 46:11) 이사야 당시 그는 바사 왕 고레스입니다. 그는 바벨론을 무너뜨리고 포로 귀환과 성전재건을 허용했습니다. 이스라엘 백성이 본성에 이끌리고 눈앞의 일에 마음이 팔려 있을 때 하나님은 그에게 여호와의 신을 보내셨습니다. 그리고 선택받은 백성이 갈 길을 닦아 주게 하셨습니다.(16-17절)

셋째로 하나님은 말씀에 이끌리는 사람에게 복을 주십니다. 하나님은 이미 기뻐하시는 뜻이 무엇인지를 알려주셨습니다. 자기 의지나 세속을 쫓아가는 대신 그것에 순종하는 자를 인도하십니다. 그들에게 하나님은 강 같은 평강과 바다 물결 같은 공의를 주시며 (18절) 자손이 번성하게 하시고(19절) 해방과 회복에 체험하게 하시며(20절) 인생의 목마름을 해소시켜 주십니다.(21절) 자기 시대와 자기 백성의 아픔에 공감하는 사람의 길을 형통하게 하십니다.

대림절에 우리는 평강의 왕으로 오시는 예수님을 기다립니다. 이집트, 바벨론 및 로마의 지배 아래 평강을 빼앗기고 신음하던 이스라엘 백성을 구원하셨던 하나님과 그때마다 주신 말씀을 우리는 알고 있습니다. 그리고 그 말씀에 순종하였던 사람들을 알고 있습니다. 그들은 항상 소수였으나 하나님은 그들을 통해 언제나 놀라운 역사를 창조하셨습니다.

오늘 우리는 평강 없는 세상에 살고 있습니다. 곳곳에서 삶의 터전이 흔들리는 것을 봅니다. 그러므로 더욱 더 말씀을 아는 것을 넘어서서 우리 자신의 영혼과 마음과 몸과 생활에, 그리고 사회와 국가와 지구촌에 적용할 때입니다. 바로 이것이 말씀을 듣는 것입니다. 이것이 마음을 다스리거나 계획을 세우거나 용기와 자신감을 회복하는 것보다 더 중요합니다. 말씀을 자신에게 적용시킬 때 성령님은 그 모든 것을 우리에게 더해 주십니다. '아, 나의 백성아, 제발 내 말을 들어다오. 이스라엘아, 나의 뜻을 따라 걸어다오.'(시 81:13 공동번역)

기도

말씀의 주요 은혜의 주이신 하나님, '하나님의 사람으로 온전하

게 하며 모든 선한 일을 행할 능력을 갖추게'(딤후 3:17) 하는 하나
님 말씀에 온전히 따르게 저희를 도우소서. 구세주 예수님 이름으
로 기도드립니다.

26

사명의 자리에서
메시아를 만납니다(사 49:1-7)

찬송: '온 세상 위하여'(505장)

1 섬들아 내게 들으라 먼 곳 백성들아 귀를 기울이라 여호와께서
   태에서부터 나를 부르셨고 내 어머니의 복중에서부터 내 이름을
   기억하셨으며

2 내 입을 날카로운 칼 같이 만드시고 나를 그의 손 그늘에 숨기시
   며 나를 갈고 닦은 화살로 만드사 그의 화살통에 감추시고

3 내게 이르시되 너는 나의 종이요 내 영광을 네 속에 나타낼 이스
   라엘이라 하셨느니라

4 그러나 나는 말하기를 내가 헛되이 수고하였으며 무익하게 공연
   히 내 힘을 다하였다 하였도다 참으로 나에 대한 판단이 여호와
   께 있고 나의 보응이 나의 하나님께 있느니라

5 이제 여호와께서 말씀하시나니 그는 태에서부터 나를 그의 종으

로 지으신 이시요 야곱을 그에게로 돌아오게 하시는 이시니 이스라엘이 그에게로 모이는도다 그러므로 내가 여호와 보시기에 영화롭게 되었으며 나의 하나님은 나의 힘이 되셨도다

6 그가 이르시되 네가 나의 종이 되어 야곱의 지파들을 일으키며 이스라엘 중에 보전된 자를 돌아오게 할 것은 매우 쉬운 일이라 내가 또 너를 이방의 빛으로 삼아 나의 구원을 베풀어서 땅 끝까지 이르게 하리라

7 이스라엘의 구속자 이스라엘의 거룩한 이이신 여호와께서 사람에게 멸시를 당하는 자, 백성에게 미움을 받는 자, 관원들에게 종이 된 자에게 이같이 이르시되 왕들이 보고 일어서며 고관들이 경배하리니 이는 이스라엘의 거룩하신 이 신실하신 여호와 그가 너를 택하였음이니라

본문은 바벨론에서 노예로 사는 이스라엘 백성에게 주신 하나님의 위로와 격려입니다. '너는 나의 종이다'(3, 6절) 이것은 세상 신분이 바벨론의 종인 그들을 향해 주신 하나님 말씀입니다. 태어나기도 전에 하나님께서 그들을 아셨습니다.(1절) 이는 그들을 하나님의 영광을 드러낼 통로가 되게 함으로써 이방의 빛이 되고 땅끝까지 구원하시려는 것이었습니다. '땅의 모든 족속이 너로 말미암아 복을 얻을 것이라'(창 12:2)

하나님은 자신의 종을 준비시키셨습니다. '내 입을 날카로운 칼 같이 만드셨다'는 것은 말씀의 능력을 예리하게 발휘하게 하신 것입니다.(히 4:12) '나를 그의 손 그늘에 숨기셨다'는 것은 위기와 위험에서 지켜주신다는 뜻입니다. '나를 갈고 닦은 화살로 만드셨다'는 말씀은 이미 훈련받고 준비된 일꾼이 되게 하신 것이며 '그의 화살통에 감추셨다'는 것은 숨은 잠재력이 있는 것입니다.

이렇게 쓰임 받을 조건과 환경이 마련되어 있고, 목적의식이 분명하더라도 인간은 역시 인간일 뿐입니다. 그는 실패와 좌절을 거듭하다가 '내가 헛되이 수고하였으며 무익하게 공연히 내 힘을 다하였다'(4절)고 탄식할 수밖에 없었습니다. '무익하게'라는 말은 창 1:2에 '공허하다'란 뜻으로 쓰였습니다. 이는 목표도 형체도 없는 텅빈 상태에서 하는 정신적인 허탈과 방황을 의미합니다. '공연히'라는 말은 가인의 동생 아벨을 가리키는 말과 뿌리가 같습니다. 이는 세상에 태어나 꽃도 열매도 없이 허무하게 사라지는 것을 가리킵니다. 이것은 '주님께서 주신 사명에 따라 저는 열심히 살았는데도 좋은 성과를 내지 못하였습니다. 헛수고만 한 무익한 종이 되고 말았습니다'라며 절망하는 소리입니다.

우리가 뚜렷한 목적을 가지고 나아가는 동안에도 반드시 이런 시기가 있습니다. 이런 때에도 하나님은 우리를 찾아오십니다. 사라를 이집트 왕에게 내어주는 아브라함을 찾아오신 하나님, 호렙산 어두운 동굴에 숨어서 좌절과 낙담을 곱씹으며 차라리 죽고 싶어하는 엘리야를 찾아오신 하나님, 십자가에 달리는 예수님을 배신하고 도망쳤던 제자들을 세 번이나 찾아와 격려하시던 예수님입니다.

여호와의 종은 자신을 외면하지 않는 하나님을 만났습니다. 자신의 성패가 사람의 평가에 달려 있지 않음을 깨달았습니다. '참으로 나에 대한 판단이 여호와께 있고 나의 보응이 나의 하나님께 있느니라' 마침내 '나의 하나님은 나의 힘이 되셨도다'고 환호성을 질렀습니다.

우리의 생활터전이 흔들리고 있습니다. 정신적 물질적 기반이 생각보다 탄탄하지 못합니다. 하나님 목적과 인생의 목표를 이루는 데 방해되는 여러 가지 요소가 주변에 널려 있습니다. 그런 가운데서도 우리는 하나님의 자녀라는 기쁨, 가정의 한 식구인 즐거움, 교회의 일원이 된 기쁨, 지금까지 살아있는 즐거움 – 이런 것만으로도 충분히 행복하기를 소망합니다. 이것으로 우리는 이미 하나님 영광을 드러내는 세상의 빛입니다.

기도

'내가 또 너를 이방의 빛으로 삼아 나의 구원을 베풀어서 땅 끝까지 이르게 하리라'(사 49:6) 말씀하신 주님, 일상생활에서 이 말씀에 순종할 힘과 지혜를 저희에게 허락하소서. 구세주이신 예수님 이름으로 기도드립니다.

27

하나님 손바닥 위에서
메시아를 만납니다(사 49:14-21)

찬송: '주의 곁에 있을 때'(401장)

14 오직 시온이 이르기를 여호와께서 나를 버리시며 주께서 나를
잊으셨다 하였거니와

15 여인이 어찌 그 젖 먹는 자식을 잊겠으며 자기 태에서 난 아들을
긍휼히 여기지 않겠느냐 그들은 혹시 잊을지라도 나는 너를 잊
지 아니할 것이라

16 내가 너를 내 손바닥에 새겼고 너의 성벽이 항상 내 앞에 있나니

17 네 자녀들은 빨리 걸으며 너를 헐며 너를 황폐하게 하던 자들은
너를 떠나가리라

18 네 눈을 들어 사방을 보라 그들이 다 모여 네게로 오느니라 나
여호와가 이르노라 내가 나의 삶으로 맹세하노니 네가 반드시
그 모든 무리를 장식처럼 몸에 차며 그것을 띠기를 신부처럼 할

것이라

19 이는 네 황폐하고 적막한 곳들과 네 파멸을 당하였던 땅이 이제
   는 주민이 많아 좁게 될 것이며 너를 삼켰던 자들이 멀리 떠날
   것이니라

20 자식을 잃었을 때에 낳은 자녀가 후일에 네 귀에 말하기를 이곳
   이 내게 좁으니 넓혀서 내가 거주하게 하라 하리니

21 그 때에 네가 네 마음에 이르기를 누가 나를 위하여 이들을 낳
   았는고 나는 자녀를 잃고 외로워졌으며 사로잡혀 유리하였거늘
   이들을 누가 양육하였는고 나는 홀로 남았거늘 이들은 어디서
   생겼는고 하리라

본문에는 하나님을 향한 이스라엘의 원망과 그들을 향한 하나님
의 사랑이 나타나 있습니다. 노예생활에 지친 그들은 '여호와께서
나를 버리시며 주께서 나를 잊으셨다'고 탄식했습니다. 곤고한 생활
에 지친 그들은 그 책임을 하나님께 돌렸습니다. 만일 그들이 영적
인 타락, 도덕적·사회적인 부정부패, 종교적인 타락 등 말로 다 할
수 없는 죄에 빠져 있는 자신을 조금이라도 돌아본다면 결코 이렇게
말할 수 없을 것입니다.

그들을 향해 하나님은 말씀하십니다. '여인이 어찌 그 젖 먹는 자
식을 잊겠으며 자기 태에서 난 아들을 긍휼히 여기지 않겠느냐 그들
은 혹시 잊을지라도 나는 너를 잊지 아니할 것이라'(15) 자식을 향

한 부모의 사랑은 종종 피조물을 향한 하나님의 사랑에 비유될 정도로 큽니다. 물론 그 사랑에는 한계가 분명히 있습니다. 극단적인 예이지만 '내 부모는 나를 버렸으나…'(시 27:10) '아람 군대가 사마리아를 포위했을 때 여인들이 오늘은 네 아들을 잡아먹고 내일은 내 아들을 먹자'(왕하 6:28) 했습니다.

이사야는 사람이 하는 사랑 중에는 가장 큰 사랑인 자식을 향한 부모의 사랑과도 견줄 수 없는 하나님의 크고 변함없는 사랑을 전했습니다.(16절) 하나님은 자기 백성을 손바닥에 새겨놓으셨습니다. 여기서 새겼다는 말은 바울이 '내 몸에 예수의 흔적을 지니고 있노라'(갈 6:17) 한 바로 그것입니다. 흔적은 쇠로 된 인장을 불에 달구어 노예나 짐승의 몸에 찍는 것입니다. 그것을 한 번 새기면 문신처럼 두 번 다시 지워지지 않습니다. 이는 언제 보아도 보이는 것이요 가장 적절한 때 가장 필요한 도움을 베풀 준비가 되어 있다는 표시입니다. '참으로 나의 의로운 오른손으로 너를 붙들리라'(사 41:10)

예루살렘 성벽은 항상 여호와의 눈앞에 있었습니다. 주전 586년 이래 그것은 이미 무너졌습니다. 그것은 더 이상 성벽이 아닙니다. 그냥 폐허요 흉물일 뿐입니다. 그런데도 그것에 관한 하나님의 관심은 줄어들지 않았습니다. 선택받은 백성이 살던 거룩한 도시 예루살렘의 무너진 성벽이 하나님 눈앞에 어른거렸습니다. 이사야는 노예로 사는 이스라엘의 미래를 내다보았습니다. 찬란한 영화가 회복됩니다.(18절). 숫자가 회복됩니다.(19절) 지경이 넓혀집니다.(19절) 자녀를 낳아 키웁니다.(21절) 이방인들이 하나님께로 돌아옵니다.(22절) 권위를 회복합니다.(23절). 이로써 모든 사람이 하나님을 구원자요 전능자로 알게 됩니다.(26절)

이런 말이 있습니다. '이 세상에서 가장 불쌍한 사람은 죽은 사람입니다. 죽은 사람보다 더 불쌍한 사람은 병든 사람입니다. 병든 사람보다 더 불쌍한 사람은 사랑을 잃은 사람입니다. 사랑을 잃은 사람보다 더 불쌍한 사람은 잊혀진 사람입니다.' 이 말을 본문에 적용시킨다면 우리는 잊혀지지 않은 사람입니다. 예수님 손바닥에 박힌 못은 하나님께서 구원하시고자 하는 백성을 한시도 잊지 않는다는 표시입니다. 예수님 발에 박힌 못은 구원이 필요한 곳이라면 어디든지 찾아가신다는 뜻입니다.

오늘은 동지입니다. 밤이 가장 긴 오늘부터 봄은 이미 시작됩니다. 우리는 춥고 어두운 시절에 우리와 연합하러 찾아오시는 예수님을 모십니다. 빛으로 오시는 그분께로 온전히 방향을 정하고 살기를 결단하며 대림절 화환에서 빛나는 촛불에 따스한 눈길을 보냅니다.

기도

하나님, 세상사에 치여서 주님께서 '혹시 나를 잊으신 것이 아닌가' 회의가 일 때 '내가 너를 내 손바닥에 새겼고 너의 성벽이 항상 내 앞에 있나니'(16절) 하신 말씀을 기억하며 마음과 몸의 기력을 회복하게 하소서. 예수 그리스도의 이름으로 기도드립니다.

28

시련의 자리에 찾아오시는
메시아를 만납니다(사 50:4-9)

찬송: '환란과 핍박 중에도'(336장)

4 주 여호와께서 학자들의 혀를 내게 주사 나로 곤고한 자를 말로 어떻게 도와 줄 줄을 알게 하시고 아침마다 깨우치시되 나의 귀를 깨우치사 학자들 같이 알아듣게 하시도다

5 주 여호와께서 나의 귀를 여셨으므로 내가 거역하지도 아니하며 뒤로 물러가지도 아니하며

6 나를 때리는 자들에게 내 등을 맡기며 나의 수염을 뽑는 자들에게 나의 뺨을 맡기며 모욕과 침 뱉음을 당하여도 내 얼굴을 가리지 아니하였느니라

7 주 여호와께서 나를 도우시므로 내가 부끄러워하지 아니하고 내 얼굴을 부싯돌 같이 굳게 하였으므로 내가 수치를 당하지 아니할 줄 아노라

> 8 나를 의롭다 하시는 이가 가까이 계시니 나와 다툴 자가 누구냐 나
> 와 함께 설지어다 나의 대적이 누구냐 내게 가까이 나아올지어다
> 9 보라 주 여호와께서 나를 도우시리니 나를 정죄할 자 누구냐 보
> 라 그들은 다 옷과 같이 해어지며 좀이 그들을 먹으리라

이것은 고난 받는 여호와의 종이 부른 세 번째 노래입니다. 남 왕
국 유다가 바벨론에게 멸망했습니다. 많은 사람이 포로로 잡혀갔습
니다. 이 큰 불행 앞에 사람들은 혼란과 갈등, 번민과 좌절에 빠졌습
니다. 그들 사이에 이런 글이 나돌았습니다. '우리 민족의 불행은 우
리의 죄악 때문이다'(사 50:1) 시련의 원인을 똑바로 직시하게 하더
니 이런 내용을 덧붙였습니다. '내(여호와의) 손이 어찌 짧아 구속하
지 못하겠느냐 내게 어찌 건질 능력이 없겠느냐'(사 50:2)

바벨론은 그 주인공을 찾아내 모질게 고문했습니다.(6절) 그런데
도 그는 두려워하는 대신에 오히려 희망에 차 있었습니다. '보라 주
여호와께서 나를 도우시리니'(9절) 이렇게 하는 비결이 무엇입니
까? '주 여호와께서… 아침마다 깨우치시되 나의 귀를 깨우치사 학
자같이 알아듣게 하시도다…'(4절) 믿음에서 우러나는 힘으로 그는
자신과 환경을 이겨냈습니다.

'아침마다'라는 말씀에 주목해봅니다. 그는 아침마다 하나님의 말
씀을 만났습니다. 그리고 하나님 뜻을 깨달았습니다. '나를 의롭다
하시는 이가 가까이 계시니….' 여기 '가깝다'는 말은 본디 희생제물

을 가져다 바치다는 뜻에서 나왔습니다. 그 명사형은 인간의 내장, 창자 곧 그의 중심을 가리킵니다. 곧 하나님께서 그의 안(중심)에 계셨습니다. 이렇게 하나님과 혼연일체가 되었으니, 그는 비우호적인 환경과 사람을 상대할 때, 세상과 사람이 자기편이 아니더라도 하나님은 자기편이라는 믿음이 흔들리지 않았던 것입니다.

예수님은 아침의 사람이었습니다. '새벽 아직도 밝기 전에 예수께서 일어나 나가 한적한 곳으로 가사 거기서 기도하시더니(막 1:35).' 그분은 하루의 첫 시간을 하나님께 드렸습니다. 그런 주님에게 말씀이 풍성하게 임했습니다. 예루살렘에 입성한 예수님은 이른 아침마다 성전에 나가셔서 하나님 말씀을 가르쳐 주셨습니다: '백성이 그 말씀을 들으려고 이른 아침에 성전에 나아가더라'(눅 21:38)

여호와의 종은 아침마다 하나님 말씀을 만났습니다. 말씀을 깨달은 사람에게는 메시지가 생깁니다. 그는 누구를 위로·격려하며 살았습니까? 자기 자신, 사회 밑바닥에 사는 사람, 자기 자신의 약함과 환경에 괴로워하는 사람, 빚에 짓눌린 사람, 목적과 사명을 잊은 사람 등입니다.

체포되신 예수님은 고문과 모욕에 어떻게 처신하셨습니까? 그분은 십자가의 길을 한 발자국도 양보하지 않으셨습니다. '살려만 주면 무엇이든 시키는 대로 다 하겠다'고 애걸하지 않으셨습니다. '내가 부끄러워하지 아니하고 내 얼굴을 부싯돌 같이 굳게 하였으므로'라고 묘사된 것처럼(사 50:7) 그 어떤 경우에도 주어진 사명을 끝까지 완수하겠다는 굳건한 각오에 흔들림이 없었습니다. 이것이 매일

같이 하나님 말씀을 묵상하며 영적인 의미를 되새기는 신앙은 사람에게 주어지는 놀랍고도 놀라운 하나님의 은혜입니다.

기도

위로와 격려의 하나님, 오늘 시간과 일, 저희 마음과 생각을 하나님 말씀에 의탁합니다. 저희 주관이 아니라 하나님의 뜻, 주신 사명에 집중하며 나아갈 영력을 칠배나 더해 주소서. 예수님 이름으로 기도드립니다.

29

임마누엘 예수님께 나아갑니다

(사 7:10-14)

찬송: '그 어린 주 예수'(108장)

10 여호와께서 또 아하스에게 말씀하여 이르시되

11 너는 네 하나님 여호와께 한 징조를 구하되 깊은 데에서든지 높은 데에서든지 구하라 하시니

12 아하스가 이르되 나는 구하지 아니하겠나이다 나는 여호와를 시험하지 아니하겠나이다 한지라

13 이사야가 이르되 다윗의 집이여 원하건대 들을지어다 너희가 사람을 괴롭히고서 그것을 작은 일로 여겨 또 나의 하나님을 괴롭히려 하느냐

14 그러므로 주께서 친히 징조를 너희에게 주실 것이라 보라 처녀가 잉태하여 아들을 낳을 것이요 그의 이름을 임마누엘이라 하리라

오늘은 대림절 넷째 주일 곧 성탄 직전 주일입니다. 대림절 화환에 꽂힌 촛불 네 개가 모두 빛나고 있습니다. 성탄이 다가올수록 메시아를 기다리는 우리 심정은 더 절실해지고 있습니까? 세상 사람들의 신음소리가 점점 더 민감하게 들려오고 있습니까? 소망없는 세상에 소망을, 빛이 흐려진 세상에 일곱 날의 빛보다 더 밝은 빛을 주시는 메시야를 기다리며 우리 마음을 가꿉니다.(사 30:26 참조)

본문은 임마누엘 예언입니다. 임마누엘이란 하나님이 우리와 같이 계신다는 뜻입니다. 예수님의 탄생은 예언자가 전한 예언대로 이루어진 것입니다.

시리아-에브라임 전쟁이 일어났습니다.(주전 732-734년) 유다는 사면초가에 빠졌습니다. 북동쪽에서는 시리아(아람)와 이스라엘 연합군이, 서쪽에서는 블레셋이, 남쪽에서는 에돔이 동시에 공격하였습니다.(대하 28:5-15) 그들은 유다 왕을 제거하자고 했습니다.(사 7:6)

그들이 동맹을 맺었다는 소식을 들었을 때부터 아하스왕과 백성의 마음은 폭풍을 만난 숲처럼 흔들렸습니다. 이사야는 그를 찾아가 권했습니다. i) 주 여호와 하나님의 말씀을 들으라: '주 여호와의 말씀에 이 도모가 서지 못하며 이루지 못하리라'(사 7:7); ii) 하나님을 신뢰하라: '만일 너희가 믿지 아니하면 정녕히 굳게 서지 못하리라'(사 7:9) 그래도 불안하면 iii) 하나님께 표적을 구하여 확신을 얻으라: '너는 네 하나님께 한 징조를 구하되'(사 7:11)

이것은 위기에 처한 유다에게 하나님께서 알려주신 해법이었습니다. 아하스는 그 권면을 뿌리치고 앗시리아왕에게 사신을 보냈습니다. 자기 자신을 앗수르 왕의 아들이라고 비하하며 도움을 요청했습니다.(왕하 16:7-8) 하나님보다는 군사력에 기댔습니다. 이에 이사야가 전했습니다: '보라 처녀가 잉태하여 아들을 낳을 것이요 그의 이름을 임마누엘이라 하리라'

신앙인이 위기를 당할 때 어떻게 대처(반응)해야 하는지를 이사야서 7장은 알려줍니다. 하나님의 말씀과 도우심을 멀리하는 아하스의 모습은 오늘 우리에게 반면교사가 됩니다. 임마누엘 약속은 과거와 현재를 하나로 묶어주는 동시에 미래로 향해 뻗어 있습니다.(계 1:4, 8) 그것은 중대한 과제(일)를 눈앞에 둔 사람, 의기소침해 있는 사람, 용기를 잃은 사람, 두려움과 불안에 힘과 기를 빼앗긴 사람에게 주어졌습니다. 그리고 하나님의 도구로 쓰일 사람(공동체)이 자신을 방해하는 거대한 환경에 직면해야만 할 때 주어졌습니다.

마태복음은 처음과 끝을 '하나님이 우리와 함께 계신다'는 말씀으로 장식했습니다.(마 1:23; 28:20). 이는 구약성경에서 개인 또는 특정한 무리에게 주셨던 약속이 온 인류에게 폭넓게 주어진 것입니다. 예수님을 그리스도로 영접하는 사람은 누구나 하나님의 자녀가 되는 권세를 얻었습니다.

하나님은 '내가 너(너희)와 함께하겠다'는 말씀으로 부름받은 사람에게, 그리고 하나님의 백성에게 구원과 도움과 보호를 확약하시고 보증하시는 분입니다. 그렇습니다. 임마누엘 하나님을 받아들이는 믿음이 강하면 강할수록, 그 사람은 자신이 지닌 인간적인 한계

곧 감정, 경험, 지식, 지위, 소유 등의 한계를 초월하여 하나님의 목적을 이루는 사람이 됩니다. 자기 자신과 세상풍조를 이기는 사람이 됩니다.

기도

'보라 사탄이 너희를 밀 까부르듯 하려고 요구하였으나 그러나 내가 너를 위하여 네 믿음이 떨어지지 않기를 기도하였노니(눅 22:31-32) 말씀하신 주님, 언제 어떤 경우에도 임마누엘 신앙이 흔들리지 않게 저희를 지켜주소서. 예수님 이름으로 기도드립니다.

30

다섯 가지 이름을 가진 한
아기의 탄생(사 9:6-7)

찬송: '그 맑고 환한 밤중에'(112장)

6 이는 한 아기가 우리에게 났고 한 아들을 우리에게 주신 바 되었
는데 그의 어깨에는 정사를 메었고 그의 이름은 기묘자라, 모사
라, 전능하신 하나님이라, 영존하시는 아버지라, 평강의 왕이라
할 것임이라
7 그 정사와 평강의 더함이 무궁하며 또 다윗의 왕좌와 그의 나라
에 군림하여 그 나라를 굳게 세우고 지금 이후로 영원히 정의와
공의로 그것을 보존하실 것이라 만군의 여호와의 열심이 이를 이
루시리라

본문은 어둡고 괴로운 시대에 다섯 가지 이름을 가진 아기의 탄
생을 예고합니다. '그의 이름은 기묘자라 모사라 전능하신 하나님이
라 영존하시는 아버지라 평강의 왕이라'(6절)

i) 기묘자(놀라운 분)입니다. 예수님 탄생, 공생애, 십자가 죽음과 부활이 얼마나 놀랍습니까? 만왕의 왕이신 그분은 '자기를 비우고 … 사람의 모양으로 나타났으며 자신을 한없이 낮추어'(빌 2:7) 마구간에서 태어나셨습니다. 죄와 사망의 권세를 깨뜨리시고 다시 살아나신 그분은 부활의 첫 열매가 되어 영생의 소망을 주셨습니다.

ii) 모사(상담가, 조언자)입니다. 우리를 찾아오신 메시야는 탁월한 상담가입니다. 그분은 딱한 처지에 있는 사람의 말에 귀를 기울이며 공감하셨습니다. 인생의 어두운 환경과 처지, 인간관계 속에서 상처받아 마음과 정서가 메마르고, 영적으로 허하게 사는 사람을 보듬어 주셨습니다. 그 누구와도 해결할 수 없는 인생의 문제, 마음의 고통, 심령 속에 있는 깊은 한숨에 공감하며 길이 되어 주시고 문을 열어 주셨습니다.(히 4:15)

iii) 전능하신 하나님입니다. 베들레헴에서 태어나 갈릴리 나사렛에 사셨던 그 분에게 지난 2천년동안 인류가 받은 영향을 어떻게 말로 다 설명할 수 있을까요? 학교 문턱에도 가보지 않은 그 분은 책한 권도 쓰시지 않았는데도 오늘날 전 세계 도서관의 절반 이상의 책이 직접 간접으로 그분과 관련이 되어 있습니다. 음악, 영화, 미술의 대다수가 그분에게 바쳐지는 현실을 어떻게 설명하겠습니까? 단한번도 군대를 지휘한 적이 없는데도 그 어느 왕이나 장군에게도 그분에게 하는 것만큼 목숨을 던지며, 충성을 바치는 십자가의 군병이 없다는 사실을 우리가 어떻게 설명하겠습니까?

iv) 영존하시는 아버지입니다. 시편기자는 자신이 살던 시대를 가리켜 '터가 무너졌다'고 진단합니다.(11편) 터가 무너지는 곳에서는 사람의 양심과 정신, 인륜에 따른 권위가 무너질 뿐만 아니라 법으로 정해놓은 정의와 질서도 통하지 않습니다. 사람이 있는 곳은 서로 존중하며 함께 공존하며 살아갈 마음이 있어야 세상사는 맛이 생겨납니다. 이것을 무시내지 소홀히 하는 곳은 차갑고 삭막해집니다. 그런 경험을 할 때마다 우리의 정신적 지주가 무너집니다. 이렇게 흔들리는 시대에 예수님은 흔들리지 않는 중심입니다. 우리 인생을 알차고 듬직한 반석위에 세워주십니다. 우리를 찾아오신 메시야는 부성(父性)으로 가득하신 영원하신 우리의 아버지입니다.

v) 평강의 왕입니다. 메시야가 오셔서 이루실 일들 가운데 평화의 실현이 가장 중요합니다. 그 분은 하나님과 원수된 인간에게 오셔서 화해를 이루셨습니다.(엡 2:13 이하) 우리에게 다른 것이 다 있더라도 평강이 없으면 아무 소용이 없습니다. 몸이 건강하더라도 마음에 평강이 없으면 그 좋은 건강도 좋은 줄 모르고 살아갑니다. 소유도, 지식도, 경험도 지위도 다 마찬가지입니다. 아무리 그런 것들이 우리에게 넉넉히 있더라도 마음이 평강이 없으면 결코 행복한 인생이 아닙니다. 세상이 알지도 못하고 줄 수도 없는 평화를 주시러 아기 예수님이 태어나셨습니다.(요 14:27)

메시아로 오신 주님의 다섯 가지 이름에서 우리는 위로와 힘을 얻을 뿐만 아니라 인생의 지혜와 목적을 발견합니다.

기도

임마누엘 주님, 오늘 우리를 찾아오신 주님을 두 팔 벌려 환영합니다. 마음과 영혼을 모두어 찬양합니다. 마굿간의 주님을 온전히 모시는 은혜를 내려주소서. 주님 이름에 담긴 고귀하고 아름다운 뜻이 저희를 통해 세상에 보여지게 하소서. 예수님 이름으로 기도 드립니다.

31

성령님에게 이끌리는 여린 싹

(사 11:1-5)

찬송: '오 베들레헴 작은 골'(120장)

1 이새의 줄기에서 한 싹이 나며 그 뿌리에서 한 가지가 나서 결실할 것이요

2 그의 위에 여호와의 영 곧 지혜와 총명의 영이요 모략과 재능의 영이요 지식과 여호와를 경외하는 영이 강림하시리니

3 그가 여호와를 경외함으로 즐거움을 삼을 것이며 그의 눈에 보이는 대로 심판하지 아니하며 그의 귀에 들리는 대로 판단하지 아니하며

4 공의로 가난한 자를 심판하며 정직으로 세상의 겸손한 자를 판단할 것이며 그의 입의 막대기로 세상을 치며 그의 입술의 기운으로 악인을 죽일 것이며

5 공의로 그의 허리띠를 삼으며 성실로 그의 몸의 띠를 삼으리라

서양교회는 어제 밤(25일 자정)부터 주현절(1월 6일 자정)을 '열두 밤'(12 nights)이란 이름으로 특별하게 지킵니다. 예수님 탄생은 성탄전야와 성탄절 당일의 축제로만 그칠 일이 아닙니다. 이 기간에 우리는 예수님 탄생의 의미를 개인과 가정과 교회와 사회 더 나아가 지구촌과 우주 만물에서 찾아 적용하고자 다짐합니다. 성탄의 신비한 은혜가 우리 자신에게 적용되도록 성령께서 인도하시기를 소망합니다.

본문은 메시야 탄생 예언입니다: '이새의 줄기에서 한 싹이 나며 그 뿌리에서 한 가지가 나서 결실할 것이요'(11:1) '그 날에 이새의 뿌리에서 한 싹이 나서 만민의 기치로 설 것이요' 이새가 누구일까요? 그는 다윗의 아버지입니다. 그의 신앙이나 인품 재산 명성은 전혀 알려지지 않았습니다. 그 아들 다윗에 관해서는 어떻습니까? 많은 것이 알려져 있습니다. 이새와 다윗은 유다지파 같은 뿌리에서 나왔어도 그 위치나 유명세에 천지 차이가 있습니다. 만일 우리가 메시야 탄생을 예언한다면 유다 가문에서 누구 이름을 거론하겠습니까?

만일 다윗이 없었다면 그 아버지 이름을 아는 사람은 겨우 그 동네 사람뿐이었을 것입니다. 그래서 다윗은 사울에게 '내가 누구며 이스라엘 중에 내 친속이나 내 아버지의 집이 무엇이기에 내가 왕의 사위가 되리이까' 라며 사양했습니다.(삼상18:18) 그리고 '나는 가난하고 천한 사람이라'(삼상18:23)고 덧붙였습니다.

그 후손 요셉은 목수였습니다. 몰락한 왕손이라고나 할까요? 베들레헴에 갔을 때 그는 머물 곳조차 구하지 못할 정도로 초라했습니다. 만일 예수님이 없었다면 그의 이름을 아는 사람은 그 당대에도 몇 사람되지 않았을 것입니다.

이사야는 이렇게 쇠락(衰落)한 가문에서 만왕의 왕이 태어난다는 소식을 전합니다. 그 옛날 아주 보잘것없는 이새의 줄기에서 다윗이 나왔던 것처럼 이제 메시아는 권력도 재물도 흠모할 만한 것도 없는 집안에서 태어나셨습니다. 하나님께서 다윗 대신에 무명이요 그 신앙 양태와 인격도 알려지지 않은 이새를 거명하신 뜻이 어디에 있을까요?

성경은 메시야를 한 싹(새싹) 새순 어린 가지 등에 비유합니다. 그 첫 느낌은 '여리다'는 것입니다. 약하고 여린 그가 어떻게 만민의 기치로 서며 악한 세상과 악인을 심판하며 가난하고 겸손한 자를 공의와 정의로 돌볼 수 있겠습니까? 그 길은 단 하나 여호와의 영으로 충만해지는 것입니다. 지혜와 총명의 영 모략과 재능의 영 지식과 여호와를 경외하는 영께서 역사할 때 그리고 그분에게 이끌릴 때에만 할 수 있습니다. 이것이 아주 중요하기에 본문 2-3절에 여호와를 경외하는 것이, 2-5절에는 사람의 외적인 조건을 기록하기에 앞서 하나님의 영이 그에게 머무는 것이 강조되었습니다.

사람이 여호와의 영으로 충만하여 지면 하나님 섭리와 목적을 이루는 통로로 쓰임을 받습니다. 비록 그리 훌륭한 가문에서 나지 않았어도, 유명하지 않아도, 우러러볼만 하지 않더라도, 성령님은 그를 은혜의 통로, 축복의 통로, 평강의 통로로 쓰십니다. 성령님에게는 모든 것이 가능합니다.

기도

따스한 성령님, 빈들에 마른 풀 같은 저희 심령에, 이 사회에 단비로 임하소서. 약한 저희들 상처 입은 저희들 평강에 목말라하는 저희들을 성탄의 신비로 인도하소서. 예수님 이름으로 기도드립니다.

32

평화의 임금님(사 11:6-9)

찬송: '거룩한 밤'(622장)

> 6 그 때에 이리가 어린 양과 함께 살며 표범이 어린 염소와 함께 누우며 송아지와 어린 사자와 살진 짐승이 함께 있어 어린 아이에게 끌리며
>
> 7 암소와 곰이 함께 먹으며 그것들의 새끼가 함께 엎드리며 사자가 소처럼 풀을 먹을 것이며
>
> 8 젖 먹는 아이가 독사의 구멍에서 장난하며 젖 뗀 어린 아이가 독사의 굴에 손을 넣을 것이라
>
> 9 내 거룩한 산 모든 곳에서 해 됨도 없고 상함도 없을 것이니 이는 물이 바다를 덮음 같이 여호와를 아는 지식이 세상에 충만할 것임이니라

성탄절 뒤 두 번째 날 말씀은 메시아의 나라와 그 평화를 보여줍니다. 그것은 오늘 우리에게 아주 낯섭니다. 마치 꿈(환상)처럼 느껴

집니다. 예언자 이사야가 이 말씀을 전한 지 2,700여 년이 흘렀는데도 이런 평화가 실현된 곳을 우리는 아직 보지 못했습니다. 이사야가 전한 이 평화도 유토피아일까요? 유토피아는 '아무 데도 없는 세상'이란 뜻입니다.

인류는 항상 보다 나은 세상을 꿈꾸었습니다. 그것은 늘 장밋빛 미래를 약속했습니다. 비록 꿈꾼 그대로는 아니더라도 인류는 진보에 진보를 거듭해 왔습니다. 고대 로마 사회의 노예에게 중세 시대의 농노는 너무나 부러운 자유인입니다. 근현대 사회의 노동자는 그 농노들이 꿈에도 상상할 수 없었던 자유와 해방을 누립니다. 만물을 새롭게 하시는 창조주 하나님은 분명 이 땅에도 그 뜻이 이루어지게 하실 것입니다.

메시야 왕국은 적(敵)이 없는 사회입니다. 피조물들이 서로 서로 배려하며 더불어 사는 세상입니다.(6-8절) 그때에는 사자가 소처럼 풀을 먹는 등 육식동물도 초식으로 넉넉히 살아갑니다. 거기에는 상생과 공존을 원하시는 주님의 꿈이 이루어집니다. 강자를 우선적으로 배려하는 사회는 살맛이 떨어집니다. 약자를 우선적으로 돌아보는 사회에는 살맛이 새록새록 살아납니다. 하나님께서 사람들 중에 강한 자를 있게 하셨다면 그에게 약한 자의 안위를 맡기려는 뜻입니다. 돈을 벌었으면 그 돈으로 평화를 만들어나가라, 배웠으면 그 지식으로 사람과 세상을 평화롭게 하는데 써라, 기술을 가졌으면 그것을 평화적 목적에 사용해라, 권력을 가졌으면 그것으로 어렵고 소외된 자를 보살펴라 하는 것입니다.

올해 대림절은 12월 3일부터 12월 24일까지입니다. 이 절기를 지낸 뒤 성탄절을 보낸 우리는 어떻게 주님을 바라보며 세상이 알지도 못하고 줄 수도 없는 평화를 만들어갈 수 있을까요? 메시야의 나라에는 물이 바다 덮음같이 여호와를 아는 지식이 충만해집니다. 성경에는 그 지식과 믿음 안에서 평강의 하나님께 쓰임받았던 사람들의 이야기가 들어 있습니다.

예를 들면 i) 아기 예수를 기다리며 안나와 시므온처럼(눅 2:22-38) 기도와 말씀에 젖어들기 ii) 동방박사들처럼(마 2:1-12) 세계평화를 위하여 주님을 찾아뵙기 iii) 깊은 밤에도 자기 직무에 충실했던 목자들처럼(눅 2:8-20) 주어진 자리에서 최선을 다하기 iv) 냄새나는 외양간의 여물통같이(눅 2:7) 세상에서 가장 낮은 곳을 찾아가기 v) 예수님 어머니 마리아처럼 멋진 찬양 하나 지어 부르기(눅 1:46-55) vi) 마리아의 일을 아무에게도 드러내지 않고 그녀를 받아준 요셉의 넉넉한 마음 품어보기(마 1:18-21) vii) 도저히 이해할 수 없는 일이자 엄청난 결과를 가져올 일 앞에서 '주의 여종이오니 말씀대로 내게 이루어지이다'하며 순종한 마리아의 믿음 본받기(눅 1:26-38) 등입니다.

메시야를 기다린 그들은 '그 날에 이새의 뿌리에서 한 싹이 나서 만민의 기치로 설 것이요 열방이 그에게로 돌아오리니 그가 거한 곳이 영화로우리라'(10절)는 말씀을 믿었습니다. 메시야를 기다리며 그에 걸맞게 행동했습니다. 그 실천이 오늘 우리에게 커다란 도전이 됩니다.

기도

하나님, 오늘 '화평하게 하는 자는 복이 있나니 그들이 하나님의 아들이라 일컬음을 받을 것임이요'(마 5 :8)라는 말씀으로 기도를 드립니다. 이 말씀 따라 살게 도와주소서. 평화의 주인이신 예수님 이름으로 기도드립니다.

33

만민이 우러러볼 기치이신 예수님

(사 11:10-16)

찬송: '천사들의 노래가'(125장)

10 그 날에 이새의 뿌리에서 한 싹이 나서 만민의 기치로 설 것이요 열방이 그에게로 돌아오리니 그가 거한 곳이 영화로우리라

11 그 날에 주께서 다시 그의 손을 펴사 그의 남은 백성을 앗수르와 애굽과 바드로스와 구스와 엘람과 시날과 하맛과 바다 섬들에서 돌아오게 하실 것이라

12 여호와께서 열방을 향하여 기치를 세우시고 이스라엘의 쫓긴 자들을 모으시며 땅 사방에서 유다의 흩어진 자들을 모으시리니

13 에브라임의 질투는 없어지고 유다를 괴롭게 하던 자들은 끊어지며 에브라임은 유다를 질투하지 아니하며 유다는 에브라임을 괴롭게 하지 아니할 것이요

14 그들이 서쪽으로 블레셋 사람들의 어깨에 날아 앉고 함께 동방

백성을 노략하며 에돔과 모압에 손을 대며 암몬 자손을 자기에게 복종시키리라

15 여호와께서 애굽 해만을 말리시고 그의 손을 유브라데 하수 위에 흔들어 뜨거운 바람을 일으켜 그 하수를 쳐 일곱 갈래로 나누어 신을 신고 건너가게 하실 것이라

16 그의 남아 있는 백성 곧 앗수르에서 남은 자들을 위하여 큰 길이 있게 하시되 이스라엘이 애굽 땅에서 나오던 날과 같게 하시리라

본문은 이새의 뿌리에서 난 한 싹이 만민의 기치로 설 것을 말씀합니다.(10, 12절) 기치란 단체나 군대가 행진할 때 드는 깃발입니다. 이사야는 이 낱말을 10번 썼습니다. 출애굽 당시 광야로 행진하던 이스라엘이 아멜렉과 싸워 이긴 뒤 제단을 쌓고 '여호와 닛시'(=여호와는 나의 깃발)라고 했습니다.(출 17:15) 그 뒤에도 모세는 고비고비마다 그리고 하나님의 놀라운 기적을 행할 때마다 손에 지팡이를 잡고 힘차게 뻗었는데 그 지팡이를 기치란 말로 썼습니다. 그 '기치'는 하나님의 은총어린 기적을 나타내는 말입니다.

여기서 이 말은 모세가 세웠던 장대를 가리킵니다.(민 21:8-9) 당시 약속의 땅 가나안으로 향하던 이스라엘 백성이 불평했습니다. 가는 길이 험하고 먹을 것이 빈약하다는 이유였습니다. 광야 38년 동안 길쌈도 하지 않고 농사도 짓지 않았어도 하나님께서 그들을 입히

고 먹이셨습니다. 그런데도 감사를 모르는 이스라엘에게 하나님은 불뱀을 보내셨습니다. 그 뱀에 물려 죽어가던 사람들 중에 회개하는 사람이 나오자 하나님은 모세에게 놋뱀을 만들어 장대에 달라고 하셨습니다. 그것을 바라보는 자들은 살았습니다. 출애굽기와 민수기에서 이것은 승리의 길 생명의 길 은총의 길을 가리키는 표지판이었습니다.

예수님은 이 이미지를 자신의 십자가 죽음에 연결시키셨습니다. '모세가 광야에서 뱀을 든 것 같이 인자도 들려야 하리니'(요 3:14) 모세 시대 장대에 달린 놋뱀을 바라보는 자마다 뱀에게 물렸어도 살아남은 것처럼 누구든지 예수님을 그리스도로 영접하고 바라보는 자마다 구원을 받고 영생을 얻는다고 말씀하셨습니다.

메시야는 기쁨과 평강의 신호(표지)로 세상에 오셨습니다. 적대적이던 남북 이스라엘을 화해하게 하십니다.(13-14절) 그리고 하나님의 백성에게 과거 출애굽 시대처럼 새 시대를 열어주십니다.(15-16절) 여기에는 모든 나라와 민족이 다 포함됩니다. 이렇게 예수님은 온 세계와 모든 인류를 하나님과 화해시키려고 이 세상에 찾아오셨습니다.(엡 2:14)

이새의 줄기에서 난 여리고 약한 새싹을 기치로 하나님은 인류를 구원하셨습니다. '9 이러므로 하나님이 그를 지극히 높여 모든 이름 위에 뛰어난 이름을 주사 10 하늘에 있는 자들과 땅에 있는 자들과 땅 아래에 있는 자들로 모든 무릎을 예수의 이름에 꿇게 하시고 11 모든 입으로 예수 그리스도를 주라 시인하여 하나님 아버지께 영광

을 돌리게 하셨느니라'(빌 2:9-11)

새싹으로 오신 예수님, 성령이 그 위에 내려오신 예수님, 정의롭게 믿음직하게 세상을 다스리시는 예수님, 동물들을 포함하여 모든 피조물이 서로 해치지 않은 평화로운 세계, 온 누리가 하나님과 깊이 사귀면서 살아가는 세계를 이루신 예수님을 생각하는 사람과 함께 하나님은 오늘도 이 지구촌을 서로를 존중하고 사랑하는 세상으로 만들어가십니다.

기도

만민이 우러러 보기에 합당하신 주님, 주님을 향할 때마다 하나님의 영광을 찬양하는 저희 영혼에 힘을 더하소서. 주께서 기뻐하시는 사랑과 평화를 주변 사람들과 이루어갈 지혜와 힘을 더하소서. 베들레헴 마구간에 나신 예수님 이름으로 기도드립니다.

34

찬양드리며 메시아를 만납니다

(사 52:7-10)

찬송: '그 맑고 환한 밤중에'(112장)

7 좋은 소식을 전하며 평화를 공포하며 복된 좋은 소식을 가져오며 구원을 공포하며 시온을 향하여 이르기를 네 하나님이 통치하신다 하는 자의 산을 넘는 발이 어찌 그리 아름다운가

8 네 파수꾼들의 소리로다 그들이 소리를 높여 일제히 노래하니 이는 여호와께서 시온으로 돌아오실 때에 그들의 눈이 마주 보리로다

9 너 예루살렘의 황폐한 곳들아 기쁜 소리를 내어 함께 노래할지어다 이는 여호와께서 그의 백성을 위로하셨고 예루살렘을 구속하셨음이라

10 여호와께서 열방의 목전에서 그의 거룩한 팔을 나타내셨으므로 땅 끝까지도 모두 우리 하나님의 구원을 보았도다

본문은 구원받은 기쁨을 노래합니다. i) 전령이 달려와 여호와께서 다스리신다는 소식을 전함(7절); ii) 파수꾼들이 찬양함(8-9절); iii) 산산 조각나고 폐허가 된 예루살렘의 잔재들이 한 목소리로 하나님을 찬양함(10절) 등 3절 찬송입니다. 하나님의 선물인 구원을 찬양하는 이 노래는 바벨론에서 노예로 사는 이스라엘이 부르는 것인 동시에 오늘 '자기 백성을 그들의 죄에서 구원하실 이'(마 1:22)를 맞이하는 성탄절기에 우리가 부를 노래입니다.

성탄이 가까이 올수록 우리는 성탄 노래를 부릅니다. 비기독교인도 그 가운데 몇 곡 정도를 알고 있습니다. 성탄의 노래는 구원과 화해의 노래입니다. 위로와 소망의 노래입니다. 그것을 혼자 혹은 여럿이 함께 부르는 동안 i) 우리 영혼이 하나님을 향하여 고양됩니다.(위로 향하는 힘) ii) 하나님이 주시는 은혜와 평화가 노래를 부르거나 듣는 사람과 세상에 임하게 됩니다.(아래로 향하는 힘) iii) 구원의 노래를 듣는 주변 사람에게 평화(위로)의 분위기에 젖어들게 합니다.(옆으로 향하는 힘) iv) 하나님의 평화가 우리 내면 깊은 곳에 자리 잡음으로 평온해집니다.(내면으로 향하는 힘)

예언자 이사야는 복된 좋은 소식을 들고 높은 산등성이로 올라갔습니다. 그리고 산 아래 보이는 마을들을 찾아갔습니다. 당나라 시인 두보가 '내 반드시 정상에 올라서서(會當凌絶頂 회당능절정) 뭇 산들이 작음을 굽어보리라(一覽衆山小 일람중산소)' 노래했듯이 그는 세상을 구원하는 복음, 세태를 초월하는 복음을 전했습니다.

이런 일을 한다면 고린내 나는 발도 아름답습니다. 그 이유가 무엇입니까? 사람들은 그가 전하는 그런 소식을 오래 동안 고대하며 기다려왔기 때문입니다. 그가 전하는 소식의 내용이 무엇입니까? i) 평화의 소식을 듣게 함; ii) 좋은 것(기쁜 소식)을 선포함; iii) 구원(= 도움의 소식)을 듣게 함; iv) 여호와가 다스린다고 말함.

그가 사는 세상은 폐허들(9절) 부정한 것(11절)으로 가득 찼습니다. 사람들은 주님의 평화를 절실하게 기다렸습니다. 이는 당시 이스라엘의 실정인 동시에 오늘 우리 현실이기도 합니다. 경제난과 사회정치적 혼란과 불확실성은 우리를 불안하게 만듭니다. 퇴폐적인 세속문화는 우리 마음과 영혼을 어지럽힙니다. 어디 그뿐인가요? 몸의 건강을 해치는 것, 낙심과 좌절, 욕심과 콤플렉스로 우리는 오늘의 바벨론에 살고 있습니다. 언론매체는 음란하고 폭력적인 말을 마구 쏟아내는데 우리는 정보를 얻겠다고 거기에 매여 삽니다. 이런 우리를 구원하시려고 하나님은 독생자 예수님을 보내주셨습니다.

이사야는 손(팔)과 발, 눈의 이미지를 사용하여 복음을 전했습니다. 감각과 감정을 작동시키는 그곳과 마음 중심에 복음이 자리할 때 인생은 소중해집니다. 그리스도이신 예수님이 우리 몸 안에 자리하실 때 인생은 아름다워집니다. 예수님을 그리스도로 영접한 성도가 누리는 기쁨과 감사의 비밀이 여기에 있습니다. 인생에 어려움이 없어서 그런 것이 아니라, 예수님과 동행하며 사는 것이 너무나 놀랍고 즐거워서 인생이 참 좋다고 말합니다. 현실에 주어진 일을 감당하느라 연신 땀을 흘리고 연신 쫓기면서도 '비록 세상살이가 맵지만 인생사는 맛이 좋다'고 합니다. 예수님을 마음에 모시고 사니까 '사람 관계가 쉽지 않아도 세상사는 묘미가 있다' 고 즐거워합니다. 영혼과 마음에서 저절로 우러나는 찬양이 입술로 옮겨집니다. 그리고 함께 계시는 주님이 숨결처럼 가깝게 느껴집니다.

기도

찬양과 영광을 받으시기에 합당하신 하나님, 생활이 분주하고 어렵더라도 주님 주시는 평화를 입술로 손과 발로 그리고 마음으로 느끼며 찬양하게 도와주소서. 예수님 이름으로 기도드립니다.

35

장막의 터를 넓히라(사 54:1-10)

찬송: '내 맘이 낙심되며'(300장)

1 잉태하지 못하며 출산하지 못한 너는 노래할지어다 산고를 겪지
   못한 너는 외쳐 노래할지어다 이는 홀로 된 여인의 자식이 남편
   있는 자의 자식보다 많음이라 여호와께서 말씀하셨느니라

2 네 장막터를 넓히며 네 처소의 휘장을 아끼지 말고 널리 펴되 너
   의 줄을 길게 하며 너의 말뚝을 견고히 할지어다

3 이는 네가 좌우로 퍼지며 네 자손은 열방을 얻으며 황폐한 성읍
   들을 사람 살 곳이 되게 할 것임이라

4 두려워하지 말라 네가 수치를 당하지 아니하리라 놀라지 말라 네
   가 부끄러움을 보지 아니하리라 네가 네 젊었을 때의 수치를 잊
   겠고 과부 때의 치욕을 다시 기억함이 없으리니

5 이는 너를 지으신 이가 네 남편이시라 그의 이름은 만군의 여호
   와이시며 네 구속자는 이스라엘의 거룩한 이시라 그는 온 땅의

하나님이라 일컬음을 받으실 것이라

6 여호와께서 너를 부르시되 마치 버림을 받아 마음에 근심하는 아내 곧 어릴 때에 아내가 되었다가 버림을 받은 자에게 함과 같이 하실 것임이라 네 하나님께서 말씀하셨느니라

7 내가 잠시 너를 버렸으나 큰 긍휼로 너를 모을 것이요

8 내가 넘치는 진노로 내 얼굴을 네게서 잠시 가렸으나 영원한 자비로 너를 긍휼히 여기리라 네 구속자 여호와께서 말씀하셨느니라

9 이는 내게 노아의 홍수와 같도다 내가 다시는 노아의 홍수로 땅 위에 범람하지 못하게 하리라 맹세한 것 같이 내가 네게 노하지 아니하며 너를 책망하지 아니하기로 맹세하였노니

10 산들이 떠나며 언덕들은 옮겨질지라도 나의 자비는 네게서 떠나지 아니하며 나의 화평의 언약은 흔들리지 아니하리라 너를 긍휼히 여기시는 여호와께서 말씀하셨느니라

본문은 성공과 먼 거리에서 낙심하며 사는 사람을 일으켜 세우시는 말씀입니다. 인생사의 특징들 중 하나는 마음먹은 대로 성취하지 못하는 것입니다. 어떤 것에는 대충만 해도 좋은 결과가 나타나는가 하면, 어떤 것에는 심혈을 기울여도 원하는 성과를 거두지 못합니다. 인생에는 한편으로 성공과 성취가 다른 한편으로 실패와 좌절이 늘 되풀이 됩니다. 그래서인가요? 사람은 실패(좌절)와 함께 산다고 합니다.

이사야는 하나님의 백성을 임신하지 못하고 출산하지 못하며 소박맞은 여인에 비유했습니다. 이는 그들의 현재와 미래가 캄캄하다는 뜻입니다. 이사야는 그들에게 하나님께서 열어주실 미래를 내다보게 했습니다. 노래 부르며 즐거워하라며 해야 할 일을 일러주었습니다. 우선 '장막터를 넓히라' 했습니다. 이는 무너진 장막(암 9:11)이 다시 회복되는 것입니다.

이것은 또한 하나님과 사람의 영적인 만남 및 교제를 가리킵니다. 성경에서 장막이란 곧 하나님께 예배드리는 장소(회막)입니다.(출 30:16) 오늘날의 교회입니다. 그 다음에 나오는 '처소의 휘장을 아끼지 말고 넓게 펴라, 너의 줄을 길게 하라, 말뚝을 견고히 하라'는 모두 다 이에 관련된 것입니다. 이는 교회(신앙인)의 활동영역이 넓어지고 건강한 영향력이 커진다는 뜻입니다.

더 나아가 이것은 예수 그리스도의 오심을 표시합니다. '말씀이 육신이 되어 우리 가운데 거하시며'(요 1:14)라는 말씀에서 거한다는 말은 문자적으로 '장막을 친다'는 뜻입니다. 이것은 세상과 세상을 섬기는 사람과 교회에 찾아와 함께 사시는 예수님을 가리킵니다.

하나님은 실패한 적이 있는 사람을 쓰십니다. 아브라함, 모세, 다윗, 베드로, 바울의 공통점은 무엇입니까? 첫째로 하나님께서 이분들을 들어 쓰셨습니다. 둘째로 하나님의 쓰임을 받기 전에도 쓰임받는 과정에서도 실패한 적이 있습니다. 셋째로 하나님이 그들과 늘 함께 계셨습니다.

우리가 인생에서 실패한 것이 하나님 쓰시기에 필요한 조건입니다. '… 하나님께서 세상의 천한 것들과 멸시 받는 것들과 없는 것들을 택하사 있는 것들을 폐하려 하시나니 이는 아무 육체도 하나님 앞에서 자랑하지 못하게 하려 하심이라'(고전 1:28-29)

물론 하나님은 실패자라고 무조건 쓰시는 것이 아닙니다. 그들 중에서 자신이 실패자인 것을 스스로 인정하고, 하나님 앞에 죄인임을 영적으로 받아들이는 사람을 쓰십니다. 이것이 하나님이 사람을 쓰시는데 충분한 조건이 됩니다. 그들에게 하나님의 자비와 긍휼이 임하는 순간, 그는 순식간에 하나님 영광의 도구로 쓰임을 받습니다. 그리하여 '젊었을 때의 수치를 잊겠고 과부 때의 치욕을 다시 기억함이 없게' 됩니다.(4절) 이를 위해 예수님이 그들에게 찾아오셨습니다. 넘어진 채 살아가는 인생에게 안식처(하나님의 장막)가 되셨습니다. 재기의 터전이 되셨습니다.

기도

'산들이 떠나며 언덕들은 옮겨질지라도 나의 자비는 네게서 떠나지 아니하며 나의 화평의 언약은 흔들리지 아니하리라'(사 54:10) 말씀하신 하나님, 생활 터전이 흔들리고 나라의 기초가 요동치는 시대에 사는 저희를 불쌍히 여기소서. 예수님 이름으로 기도드립니다.

36

초대 받은 자리로 나아갑니다

(사 55:1-5)

찬송: '은혜가 풍성한 하나님은'(197장)

1 오호라 너희 모든 목마른 자들아 물로 나아오라 돈 없는 자도 오라 너희는 와서 사 먹되 돈 없이, 값없이 와서 포도주와 젖을 사라

2 너희가 어찌하여 양식이 아닌 것을 위하여 은을 달아 주며 배부르게 하지 못할 것을 위하여 수고하느냐 내게 듣고 들을지어다 그리하면 너희가 좋은 것을 먹을 것이며 너희 자신들이 기름진 것으로 즐거움을 얻으리라

3 너희는 귀를 기울이고 내게로 나아와 들으라 그리하면 너희의 영혼이 살리라 내가 너희를 위하여 영원한 언약을 맺으리니 곧 다윗에게 허락한 확실한 은혜이니라

4 보라 내가 그를 만민에게 증인으로 세웠고 만민의 인도자와 명령자로 삼았나니

> 5 보라 네가 알지 못하는 나라를 네가 부를 것이며 너를 알지 못하
> 는 나라가 네게로 달려올 것은 여호와 네 하나님 곧 이스라엘의
> 거룩하신 이로 말미암음이니라 이는 그가 너를 영화롭게 하였느
> 니라

하나님은 세파에 시달리는 우리를 구원의 자리로 초대하십니다. 그분은 첫째로 목마른 모든 사람을 초대하셨습니다. 사람은 일상생활에서 이런 일 저런 사람에 부딪히고 치이며 힘들어합니다. 이루어지지 않은 꿈과 목표를 향해 열심히 살다가 심신이 지칩니다. '그들이 다시는 주리지도 아니하며 목마르지도 아니하고 해나 아무 뜨거운 기운에 상하지도 아니하리니, 이는 보좌 가운데에 계신 어린 양이 그들의 목자가 되사 생명수 샘으로 인도하시고, 하나님께서 그들의 눈에서 모든 눈물을 씻어 주실 것임이라'(계 7:16-17)

둘째로 하나님은 돈 없는 사람을 초대하셨습니다. 사먹되 돈 없이 값없이 사라는 것은 이상하지 않습니까? 더구나 '은없는 자도 … 오라, 은 없이 사라, … 값없이' 등 지불할 필요가 없다는 사실이 세 번이나 되풀이 나옵니다. 이 말이 과연 무슨 뜻입니까? 이 포도주와 젖은 우아하고 풍성한 식탁을 가리킵니다. 이것이 별로 가치가 없으니 아무나 원하는 대로 가지라는 뜻이 결코 아닙니다. 이는 누구나 탐냄직한 가치가 충분한 것인데도 거저 주시는 것입니다. 이것이 복음입니다.

이 세상은 돈 있는 자가 행세하는 세상입니다. 그러나 하나님 앞에서 돈이 있고 없고 하는 것이 구원의 조건이 되지 못합니다. '심령이 가난한 자는 복이 있나니 천국이 그들의 것임이요'(마 5:3) 너희 가난한 자는 복이 있나니 하나님의 나라가 너희 것임이요'(눅 6:20)

셋째로 하나님은 수고하는 사람, 특별히 헛수고하는 사람을 초대하셨습니다. 양식 아닌 것, 배부르게 못할 것이란 잠시잠깐 육신의 만족을 주는 것, 잠시잠깐 기분을 좋게 해 줄뿐 오래가는 만족을 주지 못하는 것들을 가리킵니다. 돈이 조금만 더 있으면, 조금만 더 높은 지위에 올라가면 만족할 것 같아 그것을 얻으려고 수고하지만, 그런 것으로 진정한 만족을 얻지 못하고 지쳐있는 인생을 하나님이 초청하십니다. '은을 사랑하는 자는 은으로 만족하지 못하고 풍요를 사랑하는 자는 소득으로 만족하지 아니하나니 이것도 헛되도다'(전 5:10)

목이 타 죽을 지경인 사람에게 '지금 가장 필요한 것이 무엇이냐'고 묻는다면, 그 사람은 '다이아몬드요, 직장이요' 하는 대신에 물이라 할 것입니다. 배고픈 사람에게 '지금 가장 필요한 것이 무엇이냐'고 물으면 '승진이요, 사람들에게 인정받는 것이요' 하는 대신에 밥이라 할 것입니다. 정신적 불안과 두려움으로 갈팡질팡하는 사람에게 '지금 가장 필요한 것이 무엇이냐'고 물으면 그 사람은 '아파트 한 채요, 천만원이요' 하는 대신에 마음의 평화, 정신적 안정이라 할 것입니다.

오늘날 우리에게 가장 필요한 것은 무엇입니까? 이 세상에 살 동안뿐만 아니라 영생을 위해 꼭 필요한 것이 무엇입니까? 어디서 어떻게 그것을 얻을 수 있을까요? 그 대답은 예수님을 영적으로 만나는 자리에서 얻어집니다. 예수님은 '수고하고 무거운 짐진 자들아 다 내게로 오라 내가 너희를 쉬게 하리라'고 하셨습니다.(마 11:28)

내일부터 우리는 2018년 365로 초대받습니다. 한 해가 저물 때마다 우리는 늘 '어느 덧…, 다사다난' 등의 낱말을 입에 올립니다. 우리는 이 한 해를 어떻게 평가합니까? 정치 사회 경제 문화 각 분야마다 평가가 조금씩 다를 것입니다. 이사야가 탄식했던 그 현실과 우리는 상관이 없습니까? 기독교와 교회와 우리 각 사람의 신앙생활은 어떻습니까? 켈트족의 기도문 한 구절이 생각납니다: '앞으로 겪을 가장 슬픈 날이 지금까지 있었던 가장 행복한 날보다 더 나은 날이기를. 그리고 하나님이 늘 우리 곁에 계시기를'

기도

하나님, 오늘은 2017년의 마지막 날입니다. 세상과 우리 주변에 많은 일들이 있었는데도 오늘까지 이르게 하심에 감사드립니다. '세상에 있는 자기 사람들을 사랑하시되 끝까지 사랑하시니라'(요 13:1)는 말씀대로 저희를 인도하소서. 예수님 이름으로 기도드립니다.

37

하나님과 연합합니다(사 56:1-8)

찬송: '나의 영원하신 기업'(435장)

1 여호와께서 이와 같이 말씀하시기를 너희는 정의를 지키며 의를
행하라 이는 나의 구원이 가까이 왔고 나의 공의가 나타날 것임
이라 하셨도다

2 안식일을 지켜 더럽히지 아니하며 그의 손을 금하여 모든 악을
행하지 아니하여야 하나니 이와 같이 하는 사람, 이와 같이 굳게
잡는 사람은 복이 있느니라

3 여호와께 연합한 이방인은 말하기를 여호와께서 나를 그의 백성
중에서 반드시 갈라내시리라 하지 말며 고자도 말하기를 나는 마
른 나무라 하지 말라

4 여호와께서 이와 같이 말씀하시기를 나의 안식일을 지키며 내가
기뻐하는 일을 선택하며 나의 언약을 굳게 잡는 고자들에게는

5 내가 내 집에서, 내 성 안에서 아들이나 딸보다 나은 기념물과 이

름을 그들에게 주며 영원한 이름을 주어 끊어지지 아니하게 할
것이며

6 또 여호와와 연합하여 그를 섬기며 여호와의 이름을 사랑하며 그
의 종이 되며 안식일을 지켜 더럽히지 아니하며 나의 언약을 굳
게 지키는 이방인마다

7 내가 곧 그들을 나의 성산으로 인도하여 기도하는 내 집에서 그
들을 기쁘게 할 것이며 그들의 번제와 희생을 나의 제단에서 기
꺼이 받게 되리니 이는 내 집은 만민이 기도하는 집이라 일컬음
이 될 것임이라

8 이스라엘의 쫓겨난 자를 모으시는 주 여호와가 말하노니 내가 이
미 모은 백성 외에 또 모아 그에게 속하게 하리라 하셨느니라

이사야는 하나님의 초대에 응하는 사람은 하나님께 듣고(55:2)
하나님을 찾으며 부르고(55:6) 하나님께 돌아간다고 했습니
다.(55:7) 본문은 이를 보다 더 구체적으로 밝혀줍니다. 그는 정의
를 지키며 의를 행합니다.(1절) 하나님께서 기뻐하실 일을 선택하며
언약을 굳게 잡습니다.(4절) 여호와를 섬기며 그 이름을 사랑합니
다.(6절) 하나님의 구원은 신앙에 합당하게 살기를 요청합니다. '오
직 이면적 유대인이 유대인이며 할례는 마음에 할지니 영에 있고 율
법 조문에 있지 아니한 것이라…'(롬 2:29)

정의를 지키며 의를 행하는 것은 안식일을 지켜 더럽히지 아니하

고 자신의 손을 금하여 모든 악을 행하지 않는 모습으로 나타납니다. 안식일을 지키는 것(2, 4, 6절)은 예배를 드리는 데서 한 걸음 더 나아가 하나님과 가까이 한다는 뜻이요, 하나님 말씀에 우선순위를 둔다는 의미입니다. 이러자면 당연히 악한 것은 그 모양이라도 버리게 됩니다. 이런 의미에서 정의(의)는 하나님 및 인간과의 관계는 물론 사회적 관계를 모두 포괄합니다.

여기에는 차별이 결코 없습니다.(3-7절) 혈통이나 국적이나 신체적 조건이 아니라 하나님과 연합하였느냐가 관건입니다. 연합하다는 말은 중근동 언어에서 …에게 향하다 동행하다란 뜻입니다. 하나님은 이런 사람을 차별 없이 사랑하셨습니다. 예를 들면 예수님 족보(마 1:1-17)에는 여성이 다섯 명 있습니다. 그 가운데 성모 마리아를 빼고는 다말(3절), 라합(5절), 룻(5절), 우리아의 아내(6절) 등이 외국인입니다. '너희는 유대인이나 헬라인이나 종이나 자유인이나 남자나 여자나 다 그리스도 예수 안에서 하나이니라'(갈 3:28)

하나님과 연합하는 사람의 특징이 무엇입니까?

첫째로 자신이 하나님 안에 있다는 자아의식이 싹틉니다. 당시 외국인은 하나님의 선택을 받지 못한 자라며 조롱당했습니다. 자기 스스로 혹은 유대인에게 고자나 마른 나무라 불려졌습니다. 하나님은 이런 열등감이나 차별의식이 사라지게 하셨습니다.

둘째로 그들은 여호와를 섬기는 종이 됩니다. 성경에서 이 칭호는 아브라함 모세 다니엘과 그 친구들 및 예언자들에게 붙여졌던 매우 영예로운 것입니다. 아무나 가질 수 없었습니다.

셋째로 여호와의 이름을 사랑하며 안식일을 지킵니다. 주일은 우리에게 '너는 창조주 하나님의 작품이다, 너는 이집트(세상)의 노예가 아니라 하나님 사람이다, 너는 거룩한 무리에 속한 교회 공동체다'라고 말해줍니다. 인생의 방향을 하나님께로 향하게 하는 데에 주일 성수만한 것이 없습니다.

넷째로 하나님과 맺은 언약(하나님 말씀)을 신실하게 지킵니다. 말씀을 자기 자신의 손과 발 입술과 생각에 적용하지 않으면서도 하나님과 연합할 수는 없습니다.

오늘부터 2018년입니다. 지난 해 세상을 등진 사람이 한 해만 더 살았으면 하고 바라고 바라던 그 새해입니다. 주님의 뜻을 가꾸는 한 해, 우리 인생의 꿈과 소망을 가꾸는 한 해 되기를 소망합니다.

기도

주님이 저희 안에 저희가 주님 안에 있기를 원하시는 주님, 저희에게 성탄의 밝은 빛이 점점 더 분명하게 저희 생활과 영혼을 비추소서. 주님께서 선물로 주신 2018년에는 '참 빛 곧 세상에 와서 각 사람에게 비추는 빛(요 1:9)이신 주님을 더욱 온전히 모시게 하소서. 예수님 이름으로 기도드립니다.

38

내가 그를 고치리라 (사 57:14-21)

찬송: '어둔 죄악 길에서'(523장)

14 그가 말하기를 돋우고 돋우어 길을 수축하여 내 백성의 길에서 거치는 것을 제하여 버리라 하리라

15 지극히 존귀하며 영원히 거하시며 거룩하다 이름하는 이가 이와 같이 말씀하시되 내가 높고 거룩한 곳에 있으며 또한 통회하고 마음이 겸손한 자와 함께 있나니 이는 겸손한 자의 영을 소생시키며 통회하는 자의 마음을 소생시키려 함이라

16 내가 영원히 다투지 아니하며 내가 끊임없이 노하지 아니할 것은 내가 지은 그의 영과 혼이 내 앞에서 피곤할까 함이라

17 그의 탐심의 죄악으로 말미암아 내가 노하여 그를 쳤으며 또 내 얼굴을 가리고 노하였으나 그가 아직도 패역하여 자기 마음의 길로 걸어가도다

18 내가 그의 길을 보았은즉 그를 고쳐 줄 것이라 그를 인도하며 그

와 그를 슬퍼하는 자들에게 위로를 다시 얻게 하리라

19 입술의 열매를 창조하는 자 여호와가 말하노라 먼 데 있는 자에
게든지 가까운 데 있는 자에게든지 평강이 있을지어다 평강이
있을지어다 내가 그를 고치리라 하셨느니라

20 그러나 악인은 평온함을 얻지 못하고 그 물이 진흙과 더러운 것
을 늘 솟구쳐 내는 요동하는 바다와 같으니라

21 내 하나님의 말씀에 악인에게는 평강이 없다 하셨느니라

하나님은 인생의 걸림돌을 제거하시고(14절) 회복의 길로 인도하
시는 분입니다.(19절) 사람에게는 각자 자기 나름대로 한계가 있습
니다. 부자는 부자의 한계를, 가난한 자는 가난한 자의 한계를 갖고
살아갑니다. 많이 배운 자는 배운 자의 한계를, 적게 배운 자는 적게
배운 자의 한계를 안고 삽니다. 나이가 적은 사람은 어린 사람의 한
계를, 연세가 높은 사람은 나이먹은 사람의 한계를 지니고 살아갑니
다. 경험이 많은 사람과 적은 사람에게도 각각 유경험자, 미경험자
의 한계가 있습니다.

칼 야스퍼스라는 사람은 한계상황을 가리켜 '인간이 정신적으로
또는 육체적으로 자신을 콘트롤할 수 없는 상태'라고 설명하였습니
다. 한계상황에 처할 때 한 걸음 더 앞으로 나가는 '성숙의 길'을 가
는 사람도 있고, 한 걸음 두 걸음 뒷걸음치며 '원망의 길'을 가는 사
람도 있습니다. 인생의 열매는 주어진 한계상황을 어떻게 견뎌내느

냐, 어떻게 극복하느냐에 달려 있습니다. 한계상황을 절망으로가 아니라 찬양으로 발전시킨 송명희 시인은 '공평하신 하나님이 나 남이 가진 것 나 없지만 공평하신 하나님이 나 남이 없는 것 갖게 하셨네' 라고 했습니다.

사 57:15에 따르면 하나님의 속성이 3 가지입니다: 존귀하신 분, 영원히 거하시는 분, 거룩하신 분.

사람은 주어진 환경이나 인간관계에서 이런 저런 일을 겪으면서 자신이 비참하다는 느낌을 받을 때가 얼마나 많습니까? 자신이 나이 값도 못하고, 사람답지 못하다는 참담한 심경에 빠질 때도 있습니다. 그러나 하나님은 언제나 존귀하신 분입니다. 언제 어떤 경우에나 품위를 잃지 않는 분입니다. 하나님은 이런 분이기에, 그 하나님을 바라보는 사람에게 존귀함을 덧입혀 주실 수 있습니다. 하나님은 품위 있는 분이기에, 자신을 믿고 따르는 사람에게 품위를 선물로 주실 수 있는 분입니다.

하나님은 영존하시는 분입니다. 자신을 믿는 사람에게, 유한한 인생의 한계를 초월하는 은혜를 주시어 영생으로 이끌어주시는 분입니다.

하나님은 거룩하신 하나님입니다. 하나님이 거룩하시기에, 그 하나님을 바라보는 사람에게 세상에 살다보니 알게 모르게 자신에게 묻어있는 속물의 태를 툴툴 털어버리고 하나님의 거룩함에 이르는 복을 주시는 분입니다.

사 57:15 말씀에 따르면 하나님께서 머무시는 곳은 어디입니까?

하나는 높고 거룩한 곳입니다. 다른 하나는 통회하고 마음이 겸손한 자입니다. 어떤 사람이 자신의 한계를 초월하여 하나님의 이런 은혜의 바다에 참여할 수 있습니까? i) 탐욕에 이끌려 가는 자기 자신의 모습을 마음아파하며 회개하는 사람, ii) 마음이 겸손한 사람.

예수님은 '애통하는 자는 복이 있나니 저희가 위로를 받을 것임이요'(마 5:4)라고 말씀하셨습니다. 존귀하신 하나님을 믿는다고 하면서도 존귀하지 못하게 처신하였던 일을 생각하며 가슴아파하는 사람, 영존하시는 하나님을 믿는다 하면서도 일시적인 것에 사로잡혀 속물처럼 굴었던 것을 생각하며 애통해하는 사람, 거룩하신 하나님을 믿는다 하면서도 성도의 본분을 지키지 못한 것을 슬퍼하는 사람이 바로 통회하는 사람입니다. 이것과 겸손하다는 말(쉐팔 루아흐)은 하나님을 존귀하신 분, 영존하시는 분, 거룩하신 분으로 온전히 받아들이며, 절대적으로 신뢰하는 태도를 가리킵니다.

기도

하나님, 오늘은 '이 하나님은 영원히 우리 하나님이시니 그가 우리를 죽을 때까지 인도하시리로다'(시 48:14)라는 말씀을 마음에 새깁니다. 저는 제 결심대로 할 능력이 부족합니다. 제 노력대로 성취할 지혜가 부족합니다. 이런 저를 십자가에서 구원하신 주님, 이 시간 주님 십자가를 바라보며, 제가 가진 것을 내려놓습니다. 주님 십자가 사랑과 부활의 능력으로 제 결심, 노력, 소원을 인도해 주옵소서. 예수님 이름으로 기도드립니다.

39

빛의 자리로 나아갑니다(사 60:1-7)

찬송: '빛의 사자들이여'(502장)

1 일어나라 빛을 발하라 이는 네 빛이 이르렀고 여호와의 영광이
  네 위에 임하였음이니라

2 보라 어둠이 땅을 덮을 것이며 캄캄함이 만민을 가리려니와 오직
  여호와께서 네 위에 임하실 것이며 그의 영광이 네 위에 나타나
  리니

3 나라들은 네 빛으로, 왕들은 비치는 네 광명으로 나아오리라

4 네 눈을 들어 사방을 보라 무리가 다 모여 네게로 오느니라 네 아
  들들은 먼 곳에서 오겠고 네 딸들은 안기어 올 것이라

5 그 때에 네가 보고 기쁜 빛을 내며 네 마음이 놀라고 또 화창하리
  니 이는 바다의 부가 네게로 돌아오며 이방 나라들의 재물이 네
  게로 옴이라

6 허다한 낙타, 미디안과 에바의 어린 낙타가 네 가운데에 가득할

> 것이며 스바 사람들은 다 금과 유향을 가지고 와서 여호와의 찬
> 송을 전파할 것이며
> 7 게달의 양 무리는 다 네게로 모일 것이요 느바욧의 숫양은 네게
> 공급되고 내 제단에 올라 기꺼이 받음이 되리니 내가 내 영광의
> 집을 영화롭게 하리라

본문은 '일어나라'는 하나님 말씀으로 시작됩니다. 이는 어두운 시대와 절망감을 털고 일어나라는 뜻입니다. 이스라엘 백성은 노예 생활 70여년 만에 바벨론을 떠나 예루살렘으로 돌아왔습니다. 오는 발걸음은 가벼웠고 가슴은 희망으로 부풀었으며 마음이 후련했습니다. 막상 와 보니 사정이 달랐습니다. 성전과 성벽은 무너진 채 그대로였고 유대 백성이 떠난 뒤 거기 들어와 사는 외국인의 방해도 만만치 않았습니다. 일상생활도 여간 어렵지 않았습니다. '어둠이 땅을 덮을 것이며 캄캄함이 만민을 가리려니와…'(2절 앞)

그가 외친 두 번째 말은 '빛을 발하라'입니다. 사람들은 다 죽겠다고 아우성치며 '내 한 몸 챙기기도 벅찬데 일어나 빛을 발하라니…' 했을 것입니다. 그들에겐 그럴만한 힘도 의지도 없었습니다. 이사야는 그런 것을 몰랐을까요? 아닙니다. 그는 자기 시대가 진정 어두운 때인 것을 누구보다도 잘 알고 있었습니다. 다만 현실에 매몰되지 않았을 뿐입니다. 어둠을 한탄만 하고 있을 수가 없었습니다. 오히려 그 시대에 주시는 하나님 뜻을 찾아 나섰습니다. '… 오직 여호와께

서 네 위에 임하실 것이며 그의 영광이 네 위에 나타나리니'(2절 뒤)

이사야가 전하는 빛은 사람에게서 오는 것이 아닙니다. 만일 그가 다른 사람들처럼 사람 또는 현실만 쳐다보고 있었다면 '일어나라 빛을 발하라'고 할 수 없었을 것입니다. 하나님 안에서 우리가 딛고 일어서야 할 부분은 무엇입니까?

i) 주의 일을 하다가 지쳐 있습니까? 기도드리는데 전도하는데, 예배드리는데 지쳐 있습니까? 선한 일을 힘들게 하고 있습니까? 하나님의 일을 하다가 지쳐서 쓰러진 엘리야에게 하나님은 천사를 시켜서 떡과 물을 주시며 '일어나 먹으라' 하셨습니다.(왕상 19:5)

ii) 병으로 일어날 수 없는 상황입니까? 육체적인 병입니까? 마음의 병입니까? 영혼의 병입니까? 예수님은 베데스다 연못가의 38년 된 병자에게 '일어나 네 자리를 들고 걸어가라' 하셨습니다.(요 5:8)

iii) 사는 것보다 죽는 것이 더 낫겠다 생각하는 순간이 있습니까? 예수님은 나흘째 무덤에 있는 나사로에게 '나사로야 나오라'(요 11:43) 하셨습니다. 그리고 어두운 죽음의 세력과 시대를 극복하게 하셨습니다.

'빛을 발하라'는 말은 밝게 살라는 뜻입니다. 현실이 어두운 것보다 우리 마음이 어두운 것이 더 큰 문제입니다. 마음먹기에 따라 밤도 얼마나 의미가 있습니까? 하나님 영광으로부터 나오는 빛을 받는 심령에게 낮은 낮대로 밤은 밤대로 소중합니다. 오늘도 주님의 영광의 촛불이 빛납니다. 그 빛은 우리에게 더 가까이 다가오시는 주님, 주님께로 더 가까이 다가가는 우리를 환하게 밝혀 줍니다.(4-

5절) 빛을 맞이하고픈 심령에게 주님이 다가오십니다.

기도

'잠자는 자여 깨어서 죽은 자들 가운데서 일어나라 그리스도께서 너에게 비추이시리라'(엡 5:14) 말씀하신 하나님, 저희 각 사람과 가정과 교회가 그리고 이 나라 이 민족이 복음에 가까이 다가서게 하소서. 임마누엘 구세주이신 예수님 이름으로 기도드립니다.

40

과거와 현재와 미래(사 60:15-22)

찬송: '내 영혼에 햇빛 비치니'(428장)

15 전에는 네가 버림을 당하며 미움을 당하였으므로 네게로 가는
   자가 없었으나 이제는 내가 너를 영원한 아름다움과 대대의 기
   쁨이 되게 하리니

16 네가 이방 나라들의 젖을 빨며 뭇 왕의 젖을 빨고 나 여호와는
   네 구원자, 네 구속자, 야곱의 전능자인 줄 알리라

17 내가 금을 가지고 놋을 대신하며 은을 가지고 철을 대신하며 놋
   으로 나무를 대신하며 철로 돌을 대신하며 화평을 세워 관원으
   로 삼으며 공의를 세워 감독으로 삼으리니

18 다시는 강포한 일이 네 땅에 들리지 않을 것이요 황폐와 파멸이
   네 국경 안에 다시 없을 것이며 네가 네 성벽을 구원이라, 네 성
   문을 찬송이라 부를 것이라

19 다시는 낮에 해가 네 빛이 되지 아니하며 달도 네게 빛을 비추지

않을 것이요 오직 여호와가 네게 영원한 빛이 되며 네 하나님이
네 영광이 되리니

20 다시는 네 해가 지지 아니하며 네 달이 물러가지 아니할 것은 여
호와가 네 영원한 빛이 되고 네 슬픔의 날이 끝날 것임이라

21 네 백성이 다 의롭게 되어 영원히 땅을 차지하리니 그들은 내가
심은 가지요 내가 손으로 만든 것으로서 나의 영광을 나타낼 것
인즉

22 그 작은 자가 천 명을 이루겠고 그 약한 자가 강국을 이룰 것이
라 때가 되면 나 여호와가 속히 이루리라

본문은 하나님께서 우리에게 주실 미래를 그림처럼 보여줍니다.
우리 인생은 크게 두 가지 영향을 받습니다. 첫째, 지금까지 살아온
과거입니다. 둘째, 앞으로 살아갈 미래입니다. 오늘을 괴롭게 사는
사람은 대부분 과거의 영향을 크게 받습니다. 과거의 사건, 과거의
상처를 안고 오늘 힘들어합니다. 호락호락하지 않은 현실에서도 기
쁨을 빼앗기지 않는 사람은 대부분 미래의 영향을 받습니다. 과거의
고통에 관한 생각보다는 '생각하건대 현재의 고난은 장차 우리에게
나타날 영광과 비교할 수 없도다'(롬 8:18)라는 믿음으로 살아갑니
다. 이사야서 60장 15절입니다.

전에는 네가 버림을 당하며 미움을 당하였으므로 네게로 가는 자
가 없었으나 이제는 내가 너를 영원한 아름다움과 대대의 기쁨이 되

게 하리니

'전에는'이란 과거에 대한 말씀입니다. 그리고 '이제는'이란 현재 와 미래에 관한 말씀입니다. 이스라엘 백성의 과거는 어떠했습니 까? 하나님께 징계를 받고, 사람들에게 미움을 받으며, 이웃 나라의 노예가 되었습니다. 이 얼마나 외롭고, 힘들고, 고통스러운 과거입 니까? 그런 사람들에게 하나님께서 '이제는 대대로 기쁨이 되게' 하 겠다고 말씀하십니다. 하나님은 사 60:10에서 '내가 노하여 너를 쳤 으나 이제는 나의 은혜로 너를 불쌍히 여겼은즉 이방인들이 네 성벽 을 쌓을 것이요 그들의 왕들이 너를 섬길 것이며' 라고 말씀하셨습 니다.

예언자 이사야는 꿈꾸고 바라는 일들이 실현되리라는 꿈을 꾸었 습니다. 주의 자녀들이 예루살렘으로 주님께 드리려고 은과 금을 싣 고 올 것입니다. 레바논의 자랑거리인 잣나무와 소나무와 회향목으 로 성전을 아름답게 꾸밀 것입니다. 주님께서 찬양과 경배와 영광 을 받으실 것입니다. 항상 열려 있고 밤낮 닫히지 않을 정도로 왕래 가 빈번하여 문전성시를 이룰 것입니다. 하나님의 선민을 괴롭히던 자들이 몸을 굽히고 항복할 것입니다. 생각만 해도 황홀하고 참으로 멋집니다.

실제 예루살렘 도성은 어떠했습니까? 원래 이방인 거주지였다가 다윗 시대부터 '다윗의 도성'이 되었습니다. 세월이 흐르면서 이곳 에는 불의와 타락, 불법과 부조리가 판을 쳤습니다. 오죽하면 주님 께서 한탄하시며 '예루살렘아, 예루살렘아, 네게 보낸 예언자들을 죽이고 돌로 치는구나! 암탉이 병아리를 날개 아래 품듯이, 내가 몇 번이나 네 자녀들을 모아 품으려 하였더냐! 그러나 너희는 원하지 않았다'(마 23 :37)고 하셨겠습니까?

사 60 :9-14이 노래하는 예루살렘은 지금 눈에 보이는 도시가 아니라 보이지 않는 새 예루살렘입니다. 하나님의 말씀이 살아있는 곳입니다.

미국 하버드 대학의 졸업식장에서 소련의 노벨상 수상작가인 알렉산더 솔제니친이 축사를 한 적이 있습니다. 당시 미국 사람들은 소련에서 추방당한 그를 따뜻하게 받아들였습니다. 그들은 아마 그에게서 미국에 관한 칭찬과 자부심을 확인하고 싶었을 것입니다. 이때 그는 '자유를 억압한 소련이 나의 고향일 수가 없었듯, 자유가 남용되어 정의가 왜곡되고 부도덕이 만연한 이 미국 사회도 나의 고향은 될 수 없다'고 선언했습니다.

현실에 발을 디디고 살면서도 현실에 사로잡히지 않는 사람이 신앙인입니다. 하나님께서 이루어가실 위대한 미래를 꿈꾸며 사는 사람이 신앙인입니다.

기도

창조주 하나님, 저(우리)로 하여금 눈에 보이는 것, 마음에 느껴지는 곳, 머리 속에 맴도는 생각에 사로잡히지 않을 용기와 지혜를 허락하소서. 하나님의 섭리와 뜻이 어디에 있는가를 늘 살피며 앞으로 나아가게 도우소서. 예수님 이름으로 기도드립니다.

41

기쁨의 기름으로, 찬송의 옷으로

(사 61:1-3)

찬송: '예수님은 누구신가'(96장)

---

1 주 여호와의 영이 내게 내리셨으니 이는 여호와께서 내게 기름을
부으사 가난한 자에게 아름다운 소식을 전하게 하려 하심이라 나
를 보내사 마음이 상한 자를 고치며 포로된 자에게 자유를, 갇힌
자에게 놓임을 선포하며
2 여호와의 은혜의 해와 우리 하나님의 보복의 날을 선포하여 모든
슬픈 자를 위로하되
3 무릇 시온에서 슬퍼하는 자에게 화관을 주어 그 재를 대신하며
기쁨의 기름으로 그 슬픔을 대신하며 찬송의 옷으로 그 근심을
대신하시고 그들이 의의 나무 곧 여호와께서 심으신 그 영광을
나타낼 자라 일컬음을 받게 하려 하심이라

본문은 약 2,500년 전 이사야가 전한 말씀입니다. 그로부터 약

500년 뒤 예수님은 이것을 다시 살려내셨습니다.(눅 4:17-19) 가난한 자의 내용 곧 마음이 상한 자, 포로 된 자, 갇힌 자(1절) 슬픈 자, 위로(2절) 기쁨, 근심(3절) 등이 다 마음과 관련되어 있습니다.

하나님 품을 떠나는 순간 인간의 마음은 땅에 떨어져 깨진 그릇처럼 됩니다. 이것이 (마음이) 상했다는 말의 본래 뜻입니다. 거기에는 무엇을 담아도 소용이 없습니다. 돈이나 권력, 명예나 학식, 환락이나 칭찬(인정) 등을 아무리 채워도 깨어진 마음은 만족하지 못합니다.

사람에게는 자기 상처를 감추는 본능이 있습니다. i) 고립- 자신이 없으니 현실에서 피하려고 합니다. 무겁고 괴로운 심정으로 집에 틀어박히려 합니다. ii) 퇴행- 어린 아이같이 굽니다. 자기도 자기 마음을 어쩔 수 없다며 술을 마시며 하소연합니다. 울기도 합니다. 아이처럼 발을 동동 구르며 초조해 합니다. iii) 억압- 부끄러운 일을 잊으려 억지를 부립니다. 아무 생각도 하지 않으려고 멍하니 있습니다. iv) 백일몽- 비현실적 공상을 합니다. 실연당한 사람은 자기가 병원에 입원하였다고 가정하고 상대방이 간호해 주는 상상합니다. 부모에게 학대 받은 아이는 자기가 죽었다고 가정하고 부모가 울고 후회하는 장면을 상상하며 빙그레 웃습니다. v) 전위- 강한 자에 대한 적개심을 약한 자에게 화풀이하며 풀려고 합니다. 동대문에서 뺨 맞고 서대문에 와서 화풀이합니다. 이런 것으로는 문제가 전혀 풀리지 않습니다. 잠시 동안 감추어질 뿐입니다.

하나님은 상처입은 심령을 모른 체하지 않으십니다. 성령의 기름

부으심을 받은 메시야를 그에게 보내셨습니다. 메시야이신 예수님을 영접하는 자는 누구든지 하나님의 자녀가 되는 특권을 주셨습니다. 상처받아 깨어진 마음을 가진 사람도 그리스도이신 예수님을 영적으로 만나면 치유됩니다. 위로받지 못하여 인생의 어두운 터널을 지나는 사람도 그리스도이신 예수님을 영적으로 만나면 회복됩니다. 중독 된 마음, 갇힌 마음도 그리스도이신 예수님을 영적으로 만나면 기쁨의 기름으로 단장을 합니다. 은혜의 해를 선포하시는 예수님을 영적으로 만나면, 깨어지고 상했던 마음이 찬송의 옷으로 치장을 합니다.

하나님과 그 말씀을 온전히 바라볼 때, 우리 영혼과 마음과 육체에 있는 모든 상처를 성령께서 만져주시고, 보듬어주십니다. 그러므로 상처가 있다는 사실보다는 그것을 누구와 함께 겪느냐가 중요합니다. 그 상처를 자신의 분노나 피해의식으로 겪어내는 사람도 있습니다. 그런가 하면 상처와 아픔을 하나님과 함께, 말씀과 함께하는 사람이 있습니다. '여호와께서 그를 병상에서 붙드시고 그가 누워 있을 때마다 그의 병을 고쳐 주시나이다'(시 41:3)

우리는 어느 쪽을 선택하고 있습니까? 웃음이든 눈물이든 즐거움이든 아픔이든 그 시간과 그 자리에 누구와(무엇과) 함께하고 있습니까?

기도

네 짐을 여호와께 맡기라 그가 너를 붙드시고 의인의 요동함을 영원히 허락하지 아니하시리로다(시편 55:22) 말씀하신 하나님, 세상 풍파의 자리에 메시야이신 주님과 함께 있게 저희를 도우소서. 예수님 이름으로 기도드립니다.

42

인생에게 이름을 주시는 하나님

(사 62:1-5, 10-12)

찬송: '어제께나 오늘이나' (135장)

---

1 나는 시온의 의가 빛 같이, 예루살렘의 구원이 횃불 같이 나타나
도록 시온을 위하여 잠잠하지 아니하며 예루살렘을 위하여 쉬지
아니할 것인즉

2 이방 나라들이 네 공의를, 뭇 왕이 다 네 영광을 볼 것이요 너는
여호와의 입으로 정하실 새 이름으로 일컬음이 될 것이며

3 너는 또 여호와의 손의 아름다운 관, 네 하나님의 손의 왕관이 될
것이라

4 다시는 너를 버림 받은 자라 부르지 아니하며 다시는 네 땅을 황
무지라 부르지 아니하고 오직 너를 헵시바라 하며 네 땅을 쁄라
라 하리니 이는 여호와께서 너를 기뻐하실 것이며 네 땅이 결혼
한 것처럼 될 것임이라

---

5 마치 청년이 처녀와 결혼함 같이 네 아들들이 너를 취하겠고 신
  랑이 신부를 기뻐함 같이 네 하나님이 너를 기뻐하시리라…

10 성문으로 나아가라 나아가라 백성이 올 길을 닦으라 큰 길을 수
  축하고 수축하라 돌을 제하라 만민을 위하여 기치를 들라

11 여호와께서 땅 끝까지 선포하시되 너희는 딸 시온에게 이르라
  보라 네 구원이 이르렀느니라 보라 상급이 그에게 있고 보응이
  그 앞에 있느니라 하셨느니라

12 사람들이 너를 일컬어 거룩한 백성이라 여호와께서 구속하신 자
  라 하겠고 또 너를 일컬어 찾은 바 된 자요 버림 받지 아니한 성
  읍이라 하리라

이것은 하나님께서 이스라엘에게 새 이름을 주시는 이야기입니
다. 이사야 당시 그들은 거세게 불어오는 세파에 시달리느라 자신의
존재가치를 제대로 살려나가지 못하고, 자기 자신을 무기력한 사람,
가치 없는 사람으로 치부하며 생활했습니다. 이름값을 못했습니다.
그들에게 하나님은 새로운 이름을 붙여주셨습니다. '헵시바, 뿔라.'
(사 62:4) 헵시바는 아주바(= 버림받은 자)와, 뿔라는 셰마마(= 황무
지)와 대조를 이룹니다.

나라가 망한 뒤 유다백성은 버림당한 자라고 조롱받으며 살았
습니다. 그들 스스로도 하나님께 잊혀진 자라고 자조했습니다.(사
49:14) 하나님은 그들을 헵시바라 부르셨습니다. 이는 '나의 기쁨은

그녀 안에 있다'는 뜻입니다. 이는 하나님께서 우리를 기뻐하며 만나시겠다는 말씀입니다. 바벨론에서 해방된 뒤에도 여전히 옛사람의 근성을 버리지 못한 채 세속적인 물결에 흔들리며 사는 유다 백성은 황무지라는 비웃음을 당했습니다. 세상 사람들이 이렇게 천대하는 그들을 하나님은 뿔라라 부르셨습니다. 이는 결혼한 부인을 가리키는 말인데, 보호자가 있고 인생의 동반자가 있다는 뜻입니다.

하나님은 이스라엘의 신분을 네 가지로 말씀하셨습니다.(사 62:12) i) 거룩한 백성 ii) 여호와께서 구속하신 자 iii) 찾은바 된 자 iv) 버림받지 아니한 성읍. 그렇습니다. 믿음 안에서 우리는 결코 감정과 기분에만 따라 움직이는 시시한 사람이 아닙니다. 우리는 문제에 짓눌려 무거운 돌을 가슴에 안고 살아가는 사람이 아니라, 결코 버리거나 떠나지 않겠다는 하나님 약속을 품고 있는 하나님의 사람입니다. 비록 부족하고 연약한 모습이 우리에게 있다 할지라도 하나님은 우리를 위와 같은 사람으로 받아주십니다. 그러므로 비록 우리 자신에게는 '과연 내가 누구인가'라는 물음 앞에 여러 가지 혼란스러운 모습들이 뒤엉켜 있다 하더라도, 하나님께서 정해주신 귀하디귀한 이 네 가지 모습을 자신의 가장 본질적인 모습으로 받아들이는 사람은 복이 있습니다.

만일 하나님께서 우리를 가리켜 '너는 나의 거룩한 자'라 말씀하신다면, 그 거룩한 사람을 위해 예비하신 복이 있지 않겠습니까? 만일 하나님께서 우리를 가리켜 '너는 다시 찾은 나의 사람'이라 말씀하신다면, 그런 사람을 위해 예비하신 특별한 은총과 은혜가 있지 않겠습니까? 만일 하나님께서 우리를 가리켜 '너는 버림받지 않은 나의 사람'이라 하신다면, 그 버림받지 않은 사람을 위해 예비하신 기회와 권능이 있지 않겠습니까?

어떤 일을 만나더라도, 어떤 문제를 만나더라도, 어떤 과제를 앞에 놓고 있더라도, 이 네 가지 사실이 가장 핵심으로 그 마음속에 살아 움직이는 사람에게는 하나님께서 주시는 기회와 능력과 은혜가 충만할 것입니다. '그러므로 내 사랑하는 형제들아, 견실하며 흔들리지 말고 항상 주의 일에 더욱 힘쓰는 자들이 되라 이는 너희 수고가 주 안에서 헛되지 않은 줄 앎이라'(고전 15:58)

기도

인생에게 이름을 주시는 하나님, 저희에게는 종종 비참한 이름, 멸시하는 별명이 붙여집니다. 그럴 때마다 영적인 이름, 사랑의 이름, 소망의 이름을 주시는 하나님을 기억하게 하소서. 그리스도이신 예수님 이름으로 기도드립니다.

43

주는 우리 아버지시라(사 63:15-19)

찬송: '주 예수의 강림이'(179장)

15 주여 하늘에서 굽어 살피시며 주의 거룩하고 영화로운 처소에서
보옵소서 주의 열성과 주의 능하신 행동이 이제 어디 있나이까
주께서 베푸시던 간곡한 자비와 사랑이 내게 그쳤나이다

16 주는 우리 아버지시라 아브라함은 우리를 모르고 이스라엘은 우
리를 인정하지 아니할지라도 여호와여, 주는 우리의 아버지시
라 옛날부터 주의 이름을 우리의 구속자라 하셨거늘

17 여호와여 어찌하여 우리로 주의 길에서 떠나게 하시며 우리의
마음을 완고하게 하사 주를 경외하지 않게 하시나이까 원하건
대 주의 종들 곧 주의 기업인 지파들을 위하사 돌아오시옵소서

18 주의 거룩한 백성이 땅을 차지한 지 오래지 아니하여서 우리의
원수가 주의 성소를 유린하였사오니

19 우리는 주의 다스림을 받지 못하는 자 같으며 주의 이름으로 일

컬음을 받지 못하는 자 같이 되었나이다

본문은 기도입니다. 이사야는 하늘(거룩하고 영화로운 처소)에 계신 하나님을 향해 '살피소서… 보소서… 돌아오소서'라고 기도를 드렸습니다. 이 기도는 '하늘에 계신 우리 아버지'라는 주기도문의 첫마디처럼 들립니다.

이스라엘은 멸망했습니다. 포로생활이 끝났어도 성전과 성은 아직 폐허인 채로 있습니다. 몸도 춥고 마음도 여전히 시립니다. 이럴 때 가장 필요한 것이 무엇입니까? 이사야는 그 자리에 하나님의 얼굴 곧 하나님의 임재를 절실하게 간구했습니다. 하나님께서 이스라엘에게 등을 돌리신 것처럼 보이는 현실이 가장 두려웠습니다.

그는 '주의 열성'이 이제 어디 있느냐고 물었습니다. 이는 모세를 비롯한 이스라엘 백성이 출애굽을 꿈조차 꾸지 못할 때에 하나님께서 강력하게 추진하신 일을 생각나게 합니다. 하나님의 열심을 기억하는 그는 '주의 능하신 행동'이 이제 어디에 있냐고 물었습니다. 이는 홍해바다와 광야 40년 동안 하나님께서 자신의 백성을 보살피신 일을 생각나게 합니다.

그는 더 나아가 하나님의 간곡한 자비와 사랑이 그쳤다고 하소연했습니다. 간곡한 자비란 말은 '수많은 창자들'이란 뜻입니다. 여기에는 인간의 감정을 가장 적나라하고 깊이 간직한 곳이 창자라고 여기는 히브리인의 생각이 들어 있습니다.('나의 창자야 나의 창자야' 렘

4:19 직역) 이것은 사랑(= 어머니의 아기집)이란 말과 함께 자신의 백성을 향해 뜨겁게 그리고 저절로 솟구치는 하나님의 마음을 보여줍니다. 그 하나님께서 지금은 그 애정을 스스로 억누르고 계셨습니다.

이에 그는 하나님을 향해 매우 감성적인 호소를 했습니다: '주는 우리 아버지시라… 주는 우리 아버지시라'(16절) 그리고 이스라엘 백성에게로 돌아오시기를 간구했습니다.(17절) 이는 자식이 잘못을 범했을 때 짐짓 미워하는 척하더라도 부성과 모성은 본디 그렇지 않다는 사실에 착안한 것입니다. 이스라엘의 태도만 놓고 보면 하나님께 애정을 구할 염치가 없는 것을 알면서도 그는 하나님의 본마음에 호소한 것입니다.

이 기도를 요즘 말로 풀자면 다음과 같을 것입니다. '하나님, 우리를 원칙대로 다루셔도 할 말이 없습니다. 우리는 그렇게 취급당해도 마땅합니다. 우리는 하나님께 죄를 범했습니다. 하나님 없이도 살아갈 수 있다고 말했고 하나님 없이 우리 혼자 가도록 내버려 달라고 했습니다. 하나님의 오래 참으시는 사랑만 믿고 우리 마음은 강퍅해졌습니다. 하나님, 이런 저희에게 긍휼을 베푸소서.'

우리는 종종 '나는 하나님께 죄를 범할 수 있으며, 그런 다음 내가 원할 때마다 회개하고 돌아와서 내가 원할 때마다 하나님을 만날 수 있다'고 생각합니다. 아닙니다. 그 반대입니다. 하나님께서 우리에게 돌아오셔야만(찾아오셔야만) 우리는 그분의 밝고 환한 자비를 체험하게 됩니다. 사랑과 구원의 주도권은 하나님 편에 있기 때문입니다.

기도

사랑과 자비가 풍성하신 하나님, 저희는 용서받을 수 없는 일들을 하며 살아왔습니다. 그러나 '사유하심이 주께 있음'(시 130:4)을 고백하며 나아옵니다. 하나님의 자비로운 얼굴을 보여주소서. 예수님 이름으로 기도드립니다.

44

하늘을 가르고 내려오소서(사 64:1-8)

찬송: '기도하는 이 시간'(361장)

1 원하건대 주는 하늘을 가르고 강림하시고 주 앞에서 산들이 진동하기를

2 불이 섶을 사르며 불이 물을 끓임 같게 하사 주의 원수들이 주의 이름을 알게 하시며 이방 나라들로 주 앞에서 떨게 하옵소서

3 주께서 강림하사 우리가 생각하지 못한 두려운 일을 행하시던 그 때에 산들이 주 앞에서 진동하였사오니

4 주 외에는 자기를 앙망하는 자를 위하여 이런 일을 행한 신을 옛부터 들은 자도 없고 귀로 들은 자도 없고 눈으로 본 자도 없었나이다

5 주께서 기쁘게 공의를 행하는 자와 주의 길에서 주를 기억하는 자를 선대하시거늘 우리가 범죄하므로 주께서 진노하셨사오며 이 현상이 이미 오래 되었사오니 우리가 어찌 구원을 얻을 수 있

으리이까

6 무릇 우리는 다 부정한 자 같아서 우리의 의는 다 더러운 옷 같으며 우리는 다 잎사귀 같이 시들므로 우리의 죄악이 바람 같이 우리를 몰아가나이다

7 주의 이름을 부르는 자가 없으며 스스로 분발하여 주를 붙잡는 자가 없사오니 이는 주께서 우리에게 얼굴을 숨기시며 우리의 죄악으로 말미암아 우리가 소멸되게 하셨음이니이다

8 그러나 여호와여, 이제 주는 우리 아버지시니이다 우리는 진흙이요 주는 토기장이시니 우리는 다 주의 손으로 지으신 것이니이다

사 63:15-64:12는 기도문입니다. 이스라엘 백성은 모세가 시내산에서 보았던 큰 불(출 19:17)보다 더 강력한 불로 하나님께서 나타나시기를 열렬히 간구했습니다. 하나님께서 '하늘에서 굽어살피실'(사 63:15)뿐만 아니라 하늘을 찢고 강림하시기를 기도드렸습니다.

그들은 바벨론 포로에서 해방되어 예루살렘으로 돌아왔습니다. 벅찬 가슴을 안고 부푼 기대를 안고 돌아왔습니다. 와서 살아보니 현실은 기대했던 것과 달랐습니다. 가난과 생존의 위협에 시달리는 사람도 있었습니다. 열망하던 성전 재건도 자꾸 지체되었습니다. 잃어버렸던 나라의 주권도 아직은 되찾지 못했습니다. 돌아온 사람들과 남아 있던 사람들 사이의 갈등도 생겨났습니다. 귀환 공동체 안에서도 여전히 하나님을 거스르며 사욕을 좇는 사람들이 있었습니

다. 주변의 나라들이 이스라엘 백성을 조롱하거나 괴롭게 했습니다. 그들이 언제 어느 때 침략할지 아무도 몰랐습니다. '주의 거룩한 성읍들이 광야가 되었으며 시온이 광야가 되었으며 예루살렘이 황폐하였나이다 우리 조상들이 주를 찬송하던 우리의 거룩하고 아름다운 성전이 불에 탔으며 우리가 즐거워하던 곳이 다 황폐하였나이다' (사 64:10-11)이런 상황에서 그들은 하나님께 하소연했습니다.

i) 이 기도는 하나님께서 시급히 강림해 주시기를 바라는 간절한 청원입니다.(1절 앞부분) '하늘을 가르고 강림하소서' 한 것은 하나님께서 침묵을 깨고 인간의 역사에 개입하시기를 간구하는 것입니다. 여기에는 그들의 목마르고 애타는 심정이 들어 있습니다.

ii) 이 기도는 하나님께서 강림하실 때에는 온 천지와 만방이 그 앞에서 떨 것이라는 믿음에 기초한 것입니다.(1절 뒷부분~3절) '주 앞에서 산들이 진동'한다는 표현이 두 번씩 되풀이 나옵니다. 여기서 '산들'은 실제의 산을 말하는 동시에 지금이스라엘 백성을 옥조이는 거대하고 위압적인 것들을 가리킵니다. 3절에 '우리가 생각하지 못한 두려운 일을 행하시던 그 때' 라고 한 것은 아마 출애굽 당시 모세를 통하여 하나님께서 보여주셨던 이적과 기사들을 말한 것입니다. 이것은 지난 날 파라오의 압제와 그 군대를 물리치고 이집트에서 노예였던 자기 조상들을 구원하신 하나님의 그 능력이 오늘 포로민 귀환 공동체에도 나타나기를 기도드리는 것입니다.

iii) 이것은 누군가를 향한 원망이 아니라 자기 자신들을 되돌아보며 회개하는 기도입니다.(5절 뒷부분~7절) 그들이 겪는 현재의 고

난은 선하신 하나님의 말씀과 뜻을 어긴 것에 대한 합당한 결과라고 받아들입니다.

iv) 이 기도는 자신들이 비록 연약하고 죄인이라 하더라도, 여전히 여호와는 자기들의 하나님이요 자기들은 그분의 백성이라는 자아의식을 보여줍니다.(8~9절) 하나님은 자신을 "여호와여, 주는 이제 우리 아버지"라 부르게 하셨습니다. 그렇습니다. 우리 인생의 모습이 제각각이라도, 하나님께서 '우리 각 사람의 아버지'라는 사실이 아주 아주 중요합니다.

기도

하나님 아버지, 절박한 우리의 현실에서 하나님을 '아버지'라 부릅니다. '우리는 진흙이요 주는 토기장이시니 우리는 다 주의 손으로 지으신 것이니' 아버지 손으로 저희를 만져주소서. 예수님 이름으로 기도드립니다.

45

보시옵소서, 보시옵소서(사 64:5-12)

찬송: '주님 찾아 오셨네'(534장)

5 주께서 기쁘게 공의를 행하는 자와 주의 길에서 주를 기억하는 자를 선대하시거늘 우리가 범죄하므로 주께서 진노하셨사오며 이 현상이 이미 오래 되었사오니 우리가 어찌 구원을 얻을 수 있으리이까

6 무릇 우리는 다 부정한 자 같아서 우리의 의는 다 더러운 옷 같으며 우리는 다 잎사귀 같이 시들므로 우리의 죄악이 바람 같이 우리를 몰아가나이다

7 주의 이름을 부르는 자가 없으며 스스로 분발하여 주를 붙잡는 자가 없사오니 이는 주께서 우리에게 얼굴을 숨기시며 우리의 죄악으로 말미암아 우리가 소멸되게 하셨음이니이다

8 그러나 여호와여, 이제 주는 우리 아버지시니이다 우리는 진흙이요 주는 토기장이시니 우리는 다 주의 손으로 지으신 것이니이다

9 여호와여, 너무 분노하지 마시오며 죄악을 영원히 기억하지 마시옵소서 구하오니 보시옵소서 보시옵소서 우리는 다 주의 백성이니이다

10 주의 거룩한 성읍들이 광야가 되었으며 시온이 광야가 되었으며 예루살렘이 황폐하였나이다

11 우리 조상들이 주를 찬송하던 우리의 거룩하고 아름다운 성전이 불에 탔으며 우리가 즐거워하던 곳이 다 황폐하였나이다

12 여호와여 일이 이러하거늘 주께서 아직도 가만히 계시려 하시나이까 주께서 아직도 잠잠하시고 우리에게 심한 괴로움을 받게 하시려나이까

본문은 하나님께서 원하시는 것과 정반대 길을 가다가 비참해진 이스라엘을 위한 기도입니다. 이사야가 진단하는 이스라엘의 현실이 어떻습니까? 이스라엘은 정상적으로는 메시아의 구원을 바랄 수조차 없는 상황이었습니다.(5절) 그들은 부정한 자라서 하나님 앞에 나아갈 수도 없으며, 그들의 의로움은 더러운 옷이나 걸레 같아서 수치를 가릴 수도 없고 죄악의 바람에 이리저리 몰려갈 뿐이었습니다.(6절) 그 시대가 총체적으로 부패했습니다.

그들의 죄는 단순히 도덕과 윤리에 관한 것만이 아닙니다. 그들은 하나님과 그 말씀에 관심이 없었습니다. 이스라엘 안에 주의 이름을 부르는 자도 없고, 스스로 의분을 느껴 주를 붙잡으려고 하는

자도 없었습니다.(7절 앞) 이스라엘 사람들은 좀 더 잘 먹고 좀 더 잘 사는 데에만 관심을 두었습니다. 생명의 근원과 풍요로움에 관해서, 정의와 평화에 관해서는 관심이 없습니다. 남보다 더 많은 것을 소유하고 이름을 내는 것에만 몰두했습니다.

그 현실이 얼마나 참담했으면 하나님이 숨으셨다고, 계시지 않는다고 했겠습니까?(7절 뒤) 이럴 때 이사야는 하나님을 바라보았습니다. '그러나 여호와여, 이제 주는 우리 아버지시니이다'(8절 앞) 하나님의 감성에 호소한 그는 하나님은 창조주이심을 고백했습니다. 이 부분을 풀어쓰면 다음과 같습니다. '하나님, 나는 진흙입니다. 바람이 불면 날아갈 먼지 같습니다. 이제는 주님께서 빚으시는 대로 살겠습니다. 나를 마음대로 써주세요. 내가 가진 것 주님 뜻대로 써주세요. 내 모습과 내 성품을 주님 목적대로 써주세요. 나는 다만 하나님이 내 아버지이시고 사랑하는 분임을 알고 주님께 모든 것을 드리고 맡기겠습니다. 토기장이신 하나님께서 나를 빚어주옵소서'

이사야는 하나님께 호소합니다. '보시옵소서 보시옵소서 우리는 다 주의 백성이니이다'(9절 뒤) 진정 우리의 희망이 어디에 있습니까? 하나님께서 연약한 우리를 자녀로 받아주실 때에만 희망이 있습니다. 육적 영적 죄를 범한 우리가 어디서 희망을 찾을 수 있을까요? 하나님께서 우리를 주의 백성으로 다시 받아 주실 때에라야 가능합니다. 하나님께서 우리가 진정 진흙덩이와 같은 존재인 것을 인정하시고 창조주의 손길과 숨결로 만나주셔야 우리에게는 소망이 있습니다. 복음성가 '나 지금 말고 훗날에'을 불러봅니다.

1 나 지금 말고 훗날에 더 좋은 그 나라에서
　이 눈물의 뜻을 알고 또 그 말씀 이해하리

〈후렴〉네 손잡은 주 믿고서 험악한 길 다 갈 동안
　　　늘 힘 있게 찬송하면 훗날 그 뜻 이해하리

2 이곳에서 못다 한 일 그곳에서 끝마치고
　저 하늘의 비밀 풀면 그때 모두 이해하리

3 수많은 내 계획 위에 왜 구름이 덮였는지
　왜 내 노래 그쳤는지 그날 되면 이해하리

4 내 원하던 모든 것이 왜 이루지 못했는지
　왜 내 희망 깨졌는지 높은 데서 이해하리

5 내 주님은 다 아시고 이 죄인 인도하시네
　눈물 없이 주 뵈리니 정녕 이해하게 되리

기도

아버지 하나님, 이사야 예언자가 '여호와여 일이 이러하거늘 주께서 아직도 가만히 계시려 하시나이까 주께서 아직도 잠잠하시고 우리에게 심한 괴로움을 받게 하시려나이까'(사 64:12)라 드렸던 기도가 바로 저(저희)의 기도입니다. 비록 지금은 다 이해하거나 깨닫지 못하더라도, '주님의 날'에 활짝 웃을 것을 믿으며 언제나 변함없이 하나님을 '아버지'라 부르며 생활하게 하소서. 길이요 진리요 생명이신 예수님 이름으로 기도드립니다.

46

웃으며 끌어안는 새 하늘과 새 땅

(사 65:17-25)

찬송: '오늘까지 복과 은혜'(551장)

17 보라 내가 새 하늘과 새 땅을 창조하나니 이전 것은 기억되거나
　　마음에 생각나지 아니할 것이라

18 너희는 내가 창조하는 것으로 말미암아 영원히 기뻐하며 즐거워
　　할지니라 보라 내가 예루살렘을 즐거운 성으로 창조하며 그 백
　　성을 기쁨으로 삼고

19 내가 예루살렘을 즐거워하며 나의 백성을 기뻐하리니 우는 소리
　　와 부르짖는 소리가 그 가운데에서 다시는 들리지 아니할 것이며

20 거기는 날 수가 많지 못하여 죽는 어린이와 수한이 차지 못한 노
　　인이 다시는 없을 것이라 곧 백 세에 죽는 자를 젊은이라 하겠
　　고 백 세가 못되어 죽는 자는 저주 받은 자이리라

21 그들이 가옥을 건축하고 그 안에 살겠고 포도나무를 심고 열매

를 먹을 것이며

22 그들이 건축한 데에 타인이 살지 아니할 것이며 그들이 심은 것을 타인이 먹지 아니하리니 이는 내 백성의 수한이 나무의 수한과 같겠고 내가 택한 자가 그 손으로 일한 것을 길이 누릴 것이며

23 그들의 수고가 헛되지 않겠고 그들이 생산한 것이 재난을 당하지 아니하리니 그들은 여호와의 복된 자의 자손이요 그들의 후손도 그들과 같을 것임이라

24 그들이 부르기 전에 내가 응답하겠고 그들이 말을 마치기 전에 내가 들을 것이며

25 이리와 어린 양이 함께 먹을 것이며 사자가 소처럼 짚을 먹을 것이며 뱀은 흙을 양식으로 삼을 것이니 나의 성산에서는 해함도 없겠고 상함도 없으리라 여호와께서 말씀하시니라

본문은 '보라, 내가 새 하늘과 새 땅을 창조하나니'라는 말씀으로 시작됩니다. 그 새 하늘과 새 땅은 농사짓고 집 짓고 자식을 낳아 함께 살다가 명을 다하여 죽는 평범한 이 세상에 세워집니다. 그 안에는 웃음이 가득 차 있습니다. 하나님은 크게 웃으며 맞이할 세상을 약속하셨습니다. 그것은 이전과 완전히 다른 세상이기에 이전의 하늘과 이전의 땅은 기억나지 않을 정도입니다.

새 하늘과 새 땅에서 사는 하나님 백성이 누릴 즐거움은 영원한 것입니다. 전도서의 탄식소리를 우리는 잘 알고 있습니다: '헛되고

헛되다. 헛되고 헛되다. 모든 것이 헛되다'(전 1,2). 그는 이 세상 그 누구보다도 더 큰 부귀영화를 누렸습니다. 나중에 보니 그가 누린 부귀영화는 일장춘몽처럼 허무한 것이었습니다. 우리가 사업을 성공적으로 하면 기쁠까요? 일시적으로 부자가 된 기분에 기쁠 수도 있습니다. 그러나 그것에서 생겨나는 염려와 근심을 벗어날 수 없습니다. 우리가 새집을 지으면 기쁨이 영원할까요? 처음에는 기쁘겠지요. 그러나 조금 지나면 그 집 때문에 머리 아픈 일들이 생깁니다. 자동차를 새로 사도 처음에는 기쁘지만, 얼마가 지나면 자동차 때문에 속상한 일이 생깁니다.

하나님의 하시는 일들로 인한 기쁨은 영원한 기쁨입니다. 솔로몬은 잠시 누리는 기쁨을 최고로 알고 그것을 바라보며 살다가 망한 다음에야 또는 인생말년에서야 비로소 바람을 잡으려 따라다닌 것 같은 헛된 생애를 후회했습니다. 그를 반면교사 삼아 평소에 영원한 기쁨이 될 만한 것들을 추구하는 사람에게 복이 있습니다.

이사야는 기뻐하며 즐거워하는 이유를 다음과 같이 요약했습니다. i) 우는 소리와 부르짖는 소리가 백성들 가운데서 들리지 않습니다.(17-19절 앞) ii) 모두가 천수를 누릴 것입니다. 백 세에 죽는 자를 젊은이라고 부를 정도입니다.(19절 뒤-20절) iii) 자기가 지은 집을 남에게 빼앗기지 않을 것이고, 수고한 대로 먹으며 자녀의 복을 누릴 것입니다.(21-23절) iv) 드린 기도에 응답을 받습니다.(24절) v) 서로 해치거나 상해함이 없이 평화를 누립니다.(25절) 이 모든 것을 한 마디로 요약하면 평화입니다. 그 평화의 주인은 하나님입니다.

평화의 하나님께서는 평화의 임금이신 예수님을 보내주셨습니다. '평안을 너희에게 끼치노니 곧 나의 평안을 너희에게 주노라 내가 너희에게 주는 것은 세상이 주는 것과 같지 아니하니라 너희는 마음에 근심하지도 말고 두려워하지도 말라'(요 14:27) 이것이 인생에게 주어진 최고의 선물입니다.

오늘은 새해를 맞은 뒤 열흘째 되는 날입니다. 오늘도 우리는 희망을 이야기합니다. 하나님 안에서 서로 격려하고 용기를 북돋으며 덕담을 나눕니다. 여기서 켈트족의 기도문 중 한 구절이 생각납니다: '시험의 시간에 담대하기를 바라며, 다른 십자가들이 네 어깨에 올려질 때, 산악을 오르고 계곡을 건너다녀야 할 때, 네 희망이 조금도 흐려지지 않기를 바라노라. 하나님께서 네게 선물로 주신 은사들과 더불어 네가 성장하고, 그것들이 네 인생에 활용되고, 그것들이 네게 기쁨을 안겨주며, 너도 네 자신을 좋아하게 되기를 바라노라.'

기도

하나님, 2018년 열 번째 날입니다. 살아있음 자체만으로도 큰 감사를 드립니다. 하나님께서 주신 이 한 해 믿음과 인내와 소망과 웃음으로 바짝 끌어안게 하소서. 시간과 역사의 주인이신 예수님 이름으로 기도드립니다.

대림절기 및 성탄절기에
열리는 대로(大路)

대림절(혹은 강림절)은 교회의 특별한 절기입니다. 흔히 대림절 성탄절이라 부릅니다. 우리 일상생활에서 '○○절'은 하루를 가리킵니다. 이스라엘에서는 유독 유월절만 하루가 아니라 7일 동안 지키는 명절이었습니다. 나머지 명절은 다 하루 동안만 지켰습니다. 이런 뜻에서 우리는 대림절 대신에 대림절기, 성탄절 대신에 성탄절기라 부르겠습니다. 대림절기는 대림절 첫 주부터 시작하여 성탄절 전날(12월 24일)까지이고 성탄절기는 12월 25일 자정부터 주현절 자정까지 12일입니다.

사람들은 보통 중대한 일이나 기대되는 즐거운 일을 앞두면, 마음에 준비를 하며 몸가짐을 가다듬습니다. 우리에게는 성탄절이 바로 이런 사건입니다. 교회와 성도는 성탄절 전 네 주일을 포함한 기간을 '기다리는 기간으로'지냅니다. 그리고 그 이름을 대림절(待臨

節)이라 부릅니다.

본디 대림절(Advent, 강림절 降臨節 또는 대강절 待降節)은 '옴', '도착'을 뜻하는 라틴어 'adventus'에서 유래된 말입니다. Advent 는 두 개의 라틴어 ad 와 venire 로 이루어져 "…로/ …을 향하여 오다(zu kommen zu, to come to)"를 뜻합니다. 원래 로마 제국에는, 아우구스투스 황제(주전 68-주후 14) 이래, 신적인 권위로 숭배되던 황제가 각 지역에 있는 부하들을 방문하는 공식행사가 있었습니다. 이럴 때 쓰던 말이 Advent입니다(His Advent). 예를 들어 콘스탄티누스 대제가 말시안 전투에서 이긴 후 로마에 입성할 때에, 그 모습을 'Adventus divi'(신으로 모시는 분의 오심)이라는 말로 그 승리를 환영하였는데, 354년 연대기(Chronographie)에 그 날짜가 기록되어 있습니다.

대림절기는 하나님께서 그리스도 예수님 모습으로 이 세상을 향하여 오시기를 기다리는 절기입니다. 그리고 그리스도의 오심(성육신: Schon, Already)과 다시 오심(재림: Noch nicht, Not Yet) 사이에 중간시점에 살고 있는 우리가 그리스도를 맞이하고자 준비하는 절기입니다. 다시말해 대림절은 그리스도의 오심을 기다리는 동시에, 그 분을 맞을 준비를 하는 시기, 곧 그냥 기다리는 것이 아니라 준비하며 기다리는 절기입니다. 이런 모범을 보이신 분은 예수님입니다. 그 분은 하나님 말씀을 전하고 하나님 뜻을 펼치기에 앞서 40일

동안 광야에서 금식하며 준비하셨습니다. 이는 어떤 뜻(하나님 목적)을 세운 다음에, 그 뜻을 이룰 목표에 걸맞는 준비를 하신 것입니다. '그 때'가 차기를 기다리며, 준비하신 것입니다. 이는 준비하며 기다려서, (사람 혹은 목적, 목표와) 새롭게 만난다는 뜻입니다.

서로마교회는 대림절이 시작될 대림절 첫째주일을 성 안드레의 축일(St. Andrew's Day, 11월 30일)에서 가장 가까운 주일로 정하였습니다. 이에 따르면 대림절 첫 주일이 시작되는 날짜는 11월 27일보다 빠르지 않고 12월 3일보다 늦지 않습니다. 이 기간 안에 주일이 네 번 있습니다.(짧게는 22일 동안, 길게는 28일 동안) 2017년 올해 대림절은 12월 3일부터 12월 24일까지입니다. 올해의 대림절기는 아주 짧습니다.

본디 동로마교회는 대림절이 이보다 빠른 11월 중순부터 지켰습니다. 그들은 대림절기 안에 주일을 여섯 번 포함되게 만들었습니다. 이렇게 각자의 방식대로 지켜지던 대림절이 같은 계산 방식에 따라 기념되기 시작한 것은 11세기 이후의 일로, 동로마 교회가 서로마 교회의 방식에 따라 대림절 기간을 계산하게 되면서부터입니다. 오늘날 개신교회와 천주교회는 서로마 교회가 쓰던 대림절 계산법에 따라 이 기간을 정하고 있습니다.

스페인과 프랑스 고올(Gaul) 지방에서 교회는 주현절 축일에 세례식을 거행하면서, 이를 위한 금식과 회개의 준비기간을 가졌다.

그 기간이 거의 8주 동안이었다. 이 기간은 "성 마틴의 사순절"(St. Matin's Lent)기간으로 알려져 있었는데, 금식과 회개가 11월 11일, 곧 마틴 성자의 축일(the feast of St. Martin)부터 시작되었기 때문이다. 이 때 부터 동방교회가 지키던 그리스도 탄생일인 1월 6일까지는 8주간 (56일) 이다. 그러나 이 기간 중 토요일과 주일은 포함시키지 않았으므로 결국 40일이 된다. 이는 토요일과 주일은 금식하기에 적합하지 않다고 생각되었기 때문이다. 그래서 Gaul지방에서 대림절은 사순절처럼 참회에 무게중심이 있었다.

이렇게 시작하여 서방교회로 넘어간 대림절은 4-7세기에 약 3주에서 7주까지 지역에 따라 다양하게 지켜졌다. 그리고 이는 북부 이탈리아를 거쳐 로마로 전달되었다.

로마에서 대림절 기간을 40일로 지키도록 한 사람은 교황 그레고리 대제(Gregory the Great, 590-604)였고, 4주 동안 주일의 초점은 예수 그리스도의 성육신이며, 교회는 그것을 준비하는 것이었다. 대림절

이 오늘처럼 4주간으로 최종 확정된 것은 교황 그레고리 7세에 이르러서였다.(11세기)

대림절기를 바라보는 입장은 다음과 같이 세 가지로 요약할 수 있습니다:

1) 대림절은 메시아가 오시기 이전의 구원역사, 다시 말해서 옛 이스라엘이 메시아를 갈망하고 기대했던 시기에 초점을 맞추는 계절이다;

2) 대림절은 메시아의 첫번째 오심(예수 그리스도의 초림[初臨])을 축하하고 기념하기 위한 준비기간이다;

3) 대림절은 장차 '도래'할 일들, 곧 마지막 날(예수 그리스도의 재림)에 일어나게 될 일들- 세상의 마지막, 부활, 최후의 심판, 새 하늘과 새 땅 -에 초점을 맞추면서, 그러한 일들을 어떻게 준비하고 기다려야 할지를 생각하는 절기이다.

위의 세 가지 의견 중 어느 하나를 선택하기는 참으로 어렵습니다. 다만 위에서 언급한 세 관점을 순서대로 ([1]→[2]→[3]) 바라보면, 대림절기에 담긴 뜻을 잘 이해할 수 있을 것입니다. 마치 그것은 구원 역사가 흘러 내려오는 형식과 같습니다. 곧 [약속]→[성취]→[기대/기다림] 라는 믿음의 틀 말입니다. 특히 오늘날의 대림절에서는 그리스도의 재림을 기다리는 데로 강조점이 옮겨졌습니다.

서구교회는 성탄절(12월 25일)~주현절(1월 6일)을 츠벨프네흐테 (Die zwölf Nächte = Die 12 Rauhnächte)란 이름 아래 특별하게 지냅니다. 이 12일은 또한 일년 12달을 상징합니다. 이 기간에 우리는 새해 맞을 준비를 하고 또한 새로 맞은 한 해를 위한 마음가짐과 행실을 다잡습니다. 이를 위해 하나님 말씀, 특히 예수님 탄생의 의미를 자기 영혼에 모시며 묵상합니다.

서양 사람들은 이 관습을 오랫동안 입에서 입으로 전래하며 지켜왔습니다. 이것이 글로 알려진 최초의 것은 16세기 게르만족의 문서입니다. 그들은 이 기간 쑥(Beifuß) 가문비 나무 송진(Fichtenharz) 라일락(Holunder) 라벤더(Lavendel) 겨우살이(Mistel)에 불을 피워 향을 내면서 특별한 분위기를 연출하기도 했습니다.

이런 뜻에서 올해 대림절기와 성탄절기를 위한 일일묵상집을 준비했습니다. 이 기간에 우리는 이사야 예언서를 묵상하고자 합니다.